W9-AVJ-345

Reconciliación
Perdón y paz

Reconciliation
Pardon and Peace

"Renuncien a su mal camino y crean en la Buena Nueva."

Marcos 1:15b

"Repent, and believe in the gospel."

Mark 1:15b

Editores • Editors

Hermana Catherine Dooley, O.P.

Monseñor Thomas McDade, Ed.D.

Nihil Obstat: Hermana Karen Wilhelmy, CSJ, Censor Deputatus

Imprímatur: † Roger Cardenal Mahony, arzobispo de Los Ángeles, septiembre de 2005

El *nihil obstat* y el *imprímatur* son declaraciones oficiales de que la obra no contiene nada contrario a la fe y a la moral. No se implica, por tanto, que quienes han otorgado el *nihil obstat* e *imprímatur* están de acuerdo con el contenido, las declaraciones, ni las opiniones expresadas.

Nihil Obstat: Sister Karen Wilhelmy, CSJ, Censor Deputatus

Imprimatur: † Roger Cardinal Mahony, Archbishop of Los Angeles, September 2005

The *nihil obstat* and *imprimatur* are official declarations that the work contains nothing contrary to Faith and Morals. It is not implied, thereby, that those who have granted the *nihil obstat* and *imprimatur* agree with the contents, statements, or opinions expressed.

Agradecimientos/Acknowledgments

Consultores/Consultants: James Gaffney, Enrico Hernández, Monica Hughes, David Michael Thomas
Contribuyentes/Contributors: Jane Ayer, Sylvia DeVillers, Janie Gustafson, Marianne Lenihan, Joanne McPortland, Margaret Savitskas, Rita Burns Senseman
Música/Music: Gary Daigle
Spanish: José Segovia, María Elena Carrión

Los fragmentos de la Escritura son tomados o adaptados de La Biblia Latinoamérica (C) 1972, Sociedad Bíblica Católica Internacional (SOBICAIN), Madrid, España, y son usados con permiso del propietario del copyright. Todos los derechos reservados. No se permite la reproducción de ninguna parte de La Biblia Latinoamérica sin el permiso por escrito del propietario de los derechos.

Lectionario para misa con niños, Cíclos A, B, C y días de semana copyright © 1994 Arquidiócesis de Chicago, Liturgy Training Publications. Todos los derechos reservados.

Fragmentos tomados de la traducción al español del *Misal Romano* (14.ª Edición), 2005, Obra Nacional de la Buena Prensa (ONBP), A.C. México, D.F. Fragmentos traducidos del libro *Catholic Household Blessings and Prayers*, © 2007, Conferencia de Obispos Católicos de los Estados Unidos, Washington, D.C.

Scripture passages are taken from the *New American Bible with Revised New Testament. Revised New Testament of the New American Bible*, copyright © 1986 by the Confraternity of Christian Doctrine, Washington, D.C. All rights reserved. *Old Testament of the New American Bible*, copyright © 1970 by the Confraternity of Christian Doctrine, Washington, D.C. No part of the *Revised New Testament of the New American Bible* can be reproduced in any form without permission in writing from the copyright owner. *Lectionary for Masses with Children*, Cycles A, B, C, and Weekdays, copyright © 1994, Archdiocese of Chicago, Liturgy Training Publications. All rights reserved.

Excerpts from the English translation of the *Roman Missal* © 2010, International Commission on English in the Liturgy (ICEL). Excerpts from *Catholic Household Blessings and Prayers* (revised edition), © 2007, United States Conference of Catholic Bishops.

Envíe todas sus preguntas a:
RCL Benziger
8805 Governor's Hill Drive • Suite 400
Cincinnati, OH 45249

Llame gratis   877-275-4725
Fax   800-688-8356
Visítenos en www.RCLBenziger.com
y RCLBsacraments.com

30854   ISBN 978-0-7829-1699-7

1.ª edición
Diciembre 2014.

Send all inquiries to:
RCL Benziger
8805 Governor's Hill Drive • Suite 400
Cincinnati, OH 45249

Toll Free   877-275-4725
Fax   800-688-8356
Visit us at www.RCLBenziger.com
and RCLBsacraments.com

30854   ISBN 978-0-7829-1699-7

1st Printing.
December 2014.

¡Bienvenido! Welcome!

Ésta es una época especial para ti y tu familia. Estás dando un paso más en tu peregrinación con Jesús.

Este libro te ayudará a prepararte para celebrar el Sacramento de la Penitencia y la Reconciliación por primera vez. Aprenderás lo mucho que Dios te ama. Practicarás elecciones y acciones para demostrar tu amor a Dios y a los demás. Te darás cuenta de que Dios es misericordioso y que perdona. Aun cuando las personas se apartan del amor de Dios, Él siempre está listo a darles de nuevo la bienvenida. El Sacramento de la Penitencia y la Reconciliación celebra la misericordia, el perdón y el amor de Dios.

Muchas personas de tu parroquia estarán rezando por ti mientras te preparas para celebrar el Sacramento de la Penitencia y la Reconciliación por primera vez. Estás rodeado por toda una comunidad que puede mostrarte cómo vivir en el amor de Dios.

Que Dios te bendiga y te proteja.

This is a special time for you and your family. You are taking one more step on your journey with Jesus.

This book will help you as you prepare to celebrate the Sacrament of Penance and Reconciliation for the first time. You will learn how much God loves you. You will practice choices and actions that show your love for God and others. You will come to know that God is merciful and forgiving. Even when people turn away from God's love, he is always ready to welcome them back. The Sacrament of Penance and Reconciliation celebrates God's love, forgiveness, and mercy.

Many people in your parish will be praying for you as you prepare to celebrate the Sacrament of Penance and Reconciliation for the first time. You are surrounded by a whole community who can show you how to live in God's love.

May God bless you and keep you close.

Contenido

Table of Contents

¿Quién nos separará del amor de Cristo?

ROMANOS 8:35

¡Todos están aquí!

- ¿Cómo creen que las palabras de la maestra afectaron a Patricio?

- ¿Qué son capaces de hacer por ti los que te quieren?

La excursión al Centro de Ciencias había terminado y era hora de regresar a la escuela. La Sra. Wilson contó a los niños en el autobús.

—… 22, 23, 24. ¡Todos están aquí! —exclamó la Sra. Wilson. Luego le dijo al conductor del autobús—: ¡Vámonos!

—¿Por qué tiene que contar a todos? —preguntó Patricio.

—No quiero que nadie se quede — respondió la Sra. Wilson con una sonrisa—. ¡Me preocupo mucho por todos ustedes!

God's Love

What will separate us from the love of Christ?

ROMANS 8:35

Everyone is Here

It was time to return to the school. The field trip to the science center was over.

Mrs. Wilson counted each child on the bus. ". . . 22, 23, 24. Everyone is here!

Let's go!" she said to the bus driver.

"Why do you count everyone?" asked Patrick.

"I don't want to leave anyone behind," answered Mrs. Wilson with a smile. "I care about you too much!"

- How do you think her words made Patrick feel?

- What are some things people do because they love you?

7

La oveja perdida

Todos quieren ser amados y que alguien se preocupe por uno. Jesús quería que las personas entendieran lo mucho que las ama Dios. Jesús pensó sobre una manera de ayudar a la gente a conocer el amor de Dios. Les relató una historia sencilla sobre un pastor y su oveja perdida. Lee la historia que Jesús relató.

"Si alguno de ustedes pierde una oveja de las cien que tiene, ¿no deja las otras noventa y nueve en el desierto y se va en busca de la que se le perdió hasta que la encuentra? Y cuando la encuentra, se la carga muy feliz sobre los hombros.

The Lost Sheep

Everyone wants to be loved and cared for. Jesus wanted people to understand how much God loves them. Jesus thought of a way to help people know about God's love. He told a simple story about a shepherd and a lost sheep. Read the story Jesus told.

"If any of you has a hundred sheep, and one of them gets lost, what will you do?

"Won't you leave the ninety-nine in the field and go look for the lost sheep until you find it?

"And when you find it, you will be so glad that you will put it on your shoulder and carry it home.

9

■ ¿Por qué crees que el pastor fue tras la oveja que se extravió?

■ ¿En qué se asemeja Dios al pastor del relato de Jesús?

■ ¿Cómo te ayuda esta historia a pensar en el amor de Dios?

"Y al llegar a su casa reúne a los amigos y vecinos y les dice: 'Alégrense conmigo, porque he encontrado la oveja que se me había perdido'".

BASADO EN LUCAS 15:4-6

La gente escuchó el relato de Jesús con gran interés. Entendieron las palabras de Jesús. Dios es como el pastor que se preocupa por cada oveja de su rebaño. Dios cuida a todas las personas. ¡Dios las ama y se preocupa por ellas, aun cuando se extravían como ovejas perdidas! Aun cuando se alejan de su amor, Dios continúa amando a su pueblo.

"Then you will call in your friends and neighbors and say, 'Let's celebrate! I've found my lost sheep.'"

BASED ON LUKE 15:4-6

The people listened to Jesus' story with great interest. They understood the words of Jesus. God is like the shepherd who cares for every sheep in the flock. God watches over all people. God loves them and cares for them, even when they wander away like a lost sheep! Even when they turn away from his love, God continues to love his people.

Let's Talk

■ Why do you think the shepherd went after the one sheep who wandered away?

■ How is God like the shepherd in Jesus' story?

■ How does this story help you to think about God's love?

Dios salva

La Biblia también relata la historia de Adán y Eva, los primeros padres. Ellos eligieron rechazar el amor de Dios. Se extraviaron como la oveja del relato de Jesús.

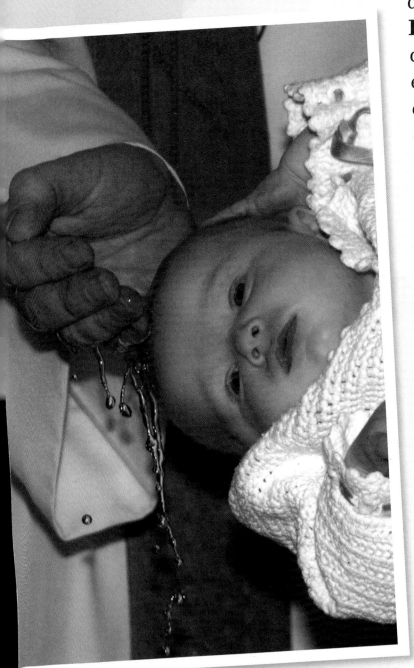

La elección de Adán y Eva de decir "no" a Dios se llama **Pecado Original**. A causa de esta elección, la tristeza, el sufrimiento y la muerte entraron en la buena creación de Dios. Por ese primer pecado no sólo Adán y Eva perdieron la santidad original sino también toda la humanidad la perdió.

Dios no abandonó a su pueblo. Dios Padre envió a su Hijo, Jesús, al mundo para salvar a todas las personas. Jesús dio su vida para traer a todas las personas de vuelta al amor de Dios.

Nuestra posibilidad de tener vida eterna con Dios ha sido gracias al sacrificio que Jesús hizo. El nombre Jesús significa "Dios salva".

God Saves

The Bible also tells the story of Adam and Eve, the first people. They chose to turn away from God's love. They wandered away like the sheep in Jesus' story.

The choice of Adam and Eve to say "no" to God is called **Original Sin**. Because of this choice, sadness, suffering, and death came into God's good creation. That first sin not only lost original holiness for Adam and Eve, but for all humankind as well.

God did not give up on his people. God our Father sent his Son, Jesus, into the world to save all people. Jesus gave his life to bring all people back to God's love. Jesus' sacrifice made it possible for us to have eternal life with God. The name Jesus means "God saves."

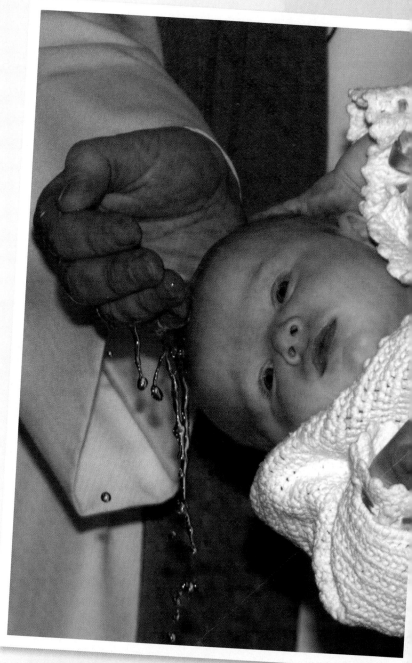

Dios todopoderoso, Padre de nuestro Señor Jesucristo, te ha liberado del pecado y dado nueva vida por el agua y el Espíritu Santo.

RITO DEL BAUTISMO 62

El Bautismo

En el Sacramento del **Bautismo**, la Iglesia celebra este amor redentor de Dios. El Bautismo borra el Pecado Original. El Bautismo les da a las personas una nueva vida con Dios. Esta nueva vida se llama gracia. La **gracia** es la misma vida y amor de Dios que están vivos en ti.

Con el Bautismo tú te convertiste en seguidor de Jesús y miembro de la Iglesia. Fuiste marcado como hijo propio de Dios para siempre. En el Sacramento de la Penitencia y la Reconciliación tú renuevas tu Bautismo. Se perdonan todos los pecados cometidos después del Bautismo.

Baptism

In the Sacrament of **Baptism,** the Church celebrates this saving love of God. Baptism takes away Original Sin. Baptism gives people new life with God. This new life is called grace. **Grace** is God's own life and love alive in you.

In Baptism you became a follower of Jesus and a member of the Church. You were marked as God's own child forever. In the Sacrament of Penance and Reconciliation you renew your Baptism. Any sins committed after Baptism are forgiven.

We Celebrate

The God of power and Father of our Lord Jesus Christ has freed you from sin and brought you to new life through water and the Holy Spirit.

RITE OF BAPTISM
FOR CHILDREN 62

Somos discípulos

Actividad Tu historia

Prepara tu propia historia acerca del amor de Dios por ti. En el Bautismo, te convertiste en seguidor de Jesús y en miembro de la iglesia. ¿Qué puedes hacer para demostrar tu amor y cariño por Dios y por otros?

Dibuja o escribe tu historia en la figura de la oveja.

En la parroquia

Busca la pila bautismal en tu iglesia. Haz la Señal de la Cruz con el agua bendita para acordarte de tu Bautismo.

We Are Disciples

Activity Your Story

Prepare your own story about God's love for you. In Baptism, you became a follower of Jesus and a member of the Church. What are some things you will do to show your love and care for God and for others?

Draw or write your story in the outline of the sheep.

Dios es #Dios#sz happy becaues I help others so they can feel better and not feel Lonly!

Parish Connection

Look for the baptismal font in your church. Make the Sign of the Cross with holy water to remind you of your Baptism.

Somos el pueblo de Dios

Líder Recordemos el amor de Dios por nosotros.

Todos En el nombre del Padre, y del Hijo, y del Espíritu Santo. Amén.

Oremos.

Todos Somos el pueblo de Dios
y ovejas de su rebaño.

Líder Sepan que el Señor es Dios,
él nos hizo y nosotros somos suyos,
su pueblo
y el rebaño de su pradera.

Todos Somos el pueblo de Dios
y ovejas de su rebaño.

Líder Sí, el Señor es bueno,
su amor dura por siempre,
y su fidelidad por todas las edades.

Todos Somos el pueblo de Dios
y ovejas de su rebaño.

BASADO EN SALMO 100:3,5

El hogar y la familia

Nota para la familia

Querida familia:

He aprendido sobre el amor de Dios por nosotros. La Biblia cuenta cómo Adán y Eva rechazaron el amor de Dios. Dios Padre envió a su Hijo, Jesús, para salvarnos. En el Bautismo celebramos el amor redentor de Dios. El Bautismo borra el Pecado Original y nos da la nueva vida de gracia como miembros de la Iglesia. El Sacramento de la Penitencia y la Reconciliación renueva nuestro Bautismo.

En familia

Conversen sobre cómo Dios demuestra su amor por ustedes.

Hazlo tú mismo

Crea tu propia oración o canción de acción de gracias al amor de Dios.

Con tu familia

Pide a tus padres que compartan los recuerdos de tu Bautismo. Haz que un adulto encienda el cirio de tu Bautismo o alguna vela como recordatorio. Enseña a los miembros de tu familia la oración o canción de acción de gracias que creaste.

 RCLBsacraments.com

Home and Family

Family Note

Dear Family,

I have learned about God's love for us. The Bible tells how Adam and Eve turned away from God's love. God our Father sent his Son, Jesus, to save us. In Baptism we celebrate God's saving love. Baptism takes away Original Sin and gives us a new life of grace as members of the Church. The Sacrament of Penance and Reconciliation renews our Baptism.

Family Chat

Talk as a family about the ways God shows love for all of you.

On Your Own

Make up your own prayer or song of thanks for God's love.

With Your Family

Ask your parents to share memories of your Baptism. Have an adult light your baptismal candle or another candle as a reminder. Teach family members the prayer or song of thanks that you made up.

 RCLBsacraments.com

We Are God's People

Leader   Let us remember God's love for us.

All   In the name of the Father, and of the Son, and of the Holy Spirit. Amen.

Leader   Let us pray.

All   We are God's people,
the sheep of his flock.

Leader   You know the Lord is God!
He created us,
and we belong to him;
we are his people,
the sheep in his pasture.

All   We are God's people,
the sheep of his flock.

Leader   The Lord is good!
His love and faithfulness
will last forever.

All   We are God's people,
the sheep of his flock.

BASED ON PSALM 100:3,5

Enséñame a que haga tu voluntad, ya que tú eres mi Dios. SALMO 143:10

- ¿Por qué la mamá de Eric tiene una regla sobre los cinturones de seguridad?
- ¿Cuáles son algunas reglas que tiene tu familia?
- ¿Cómo las reglas demuestran amor unos por otros?

Las reglas de mama'á

Eric saltó en el asiento de atrás del carro de su mamá. No veía la hora de llegar a su primera práctica de fútbol. ¡Eric estaba muy emocionado!

—Tú sabes la regla. Abróchate el cinturón —dijo la mamá de Eric antes de encender el carro.

—Sí —dijo Julia, la hermana mayor de Eric, con voz mandona—. Es la ley. ¡Multarán a mamá si no lo haces!

—Esa no es la única razón —dijo la mamá, volteando para sonreírle a Eric—. Quiero que estés seguro. Por eso pusimos esta regla.

Eric también sonrió y se abrochó el cinturón de seguridad.

Teach me to do your will, for you are my God.

PSALM 143:10

Mom's Rule

Eric jumped into the back seat of his mom's car. He couldn't wait to get to his first soccer practice. Eric was so excited!

"You know the rule: Buckle your seat belt," Eric's mom said, before she started the car.

"Yeah," Eric's older sister, Jessie, said in a bossy voice. "It's the law. Mom will get a ticket if you don't!"

"That's not the only reason," said Eric's mother. She turned and gave Eric a smile. "I want you to be safe. That's why we have the rule."

Eric smiled back, buckling his seat belt with a loud click.

- Why did Eric's mom have a rule about seat belts?

- What are some rules that your family has?

- How do rules show our love for one another?

¿Qué debo hacer?

No siempre es fácil seguir las reglas. A veces parece que hay demasiadas reglas. Una persona que haya vivido en los tiempos de Jesús debió haberse sentido de esa manera. Un día mientras Jesús viajaba a Jerusalén y enseñaba por el camino, se encontró con un hombre que le hizo una pregunta interesante. Lee la historia de la Biblia para enterarte cuál fue la pregunta.

24

What Must I Do?

Following rules is not always easy to do. Sometimes it seems like there are too many rules. People who lived in the time of Jesus must have felt that way. One day, as Jesus was traveling to Jerusalem and teaching along the way, he met a man who asked him an interesting question. Read the story from the Bible to find out the question.

- ¿Qué dice la Escritura acerca de amar a Dios?

- ¿Qué dice acerca de amar al prójimo? ¿Quién es tu prójimo?

- Da un ejemplo de cómo puedes demostrar amor a tu prójimo.

Un maestro de la Ley, que quería poner a Jesús a prueba, se levantó y le dijo: "Maestro, ¿qué debo hacer para conseguir la vida eterna?".

Jesús le dijo: "¿Qué está escrito en la Escritura? ¿Qué lees en ella?".

El hombre contestó: "Amarás al Señor tu Dios con todo tu corazón, con toda tu alma, con todas tus fuerzas y con toda tu mente; y amarás a tu prójimo como a ti mismo".

Jesús le dijo: "¡Excelente respuesta! Haz eso y vivirás".

BASADO EN LUCAS 10:25-28

An expert in the Law of Moses stood up and asked Jesus a question.

"Teacher," he said. "What must I do to have eternal life?"

Jesus answered, "What is written in the Scriptures? How do you understand them?"

The man replied, "The Scriptures say 'Love the Lord your God with all your heart, soul, strength, and mind.' They also say, 'Love your neighbors as much as you love yourself.'"

Jesus said, "You have given the right answer. If you do this, you will have eternal life."

BASED ON LUKE 10:25-28

Let's Talk

- What does the Scripture say about loving God?

- What does it say about loving your neighbor? Who is your neighbor?

- Give an example of how you can show love to your neighbor.

Muchos católicos
inclinan la cabeza
cuando pronuncian
el nombre de Jesús
al rezar. Esto honra el
Segundo Mandamiento.

Dios amoroso

Dios quiere que todas las personas sean felices para siempre. Hace mucho tiempo, Dios hizo una promesa sagrada o **alianza** con su pueblo. Él prometió estar con su pueblo para siempre. Dios dijo: "Seré Dios de ustedes mientras ustedes serán mi pueblo". (Levítico 26:12)

Dios dio a su pueblo reglas o leyes para obedecer. Estas leyes son los **Diez Mandamientos**. Jesús enseñó a las personas a cómo vivir de acuerdo a las promesas hechas a Dios. Jesús les recordó a las personas a obedecer los Diez Mandamientos. Cuando obedeces las Leyes de Dios, estás demostrando tu amor por Dios y a otros.

Consulta la página 166 de *Un pequeño catecismo* para repasar los Diez Mandamientos.

El Mandamiento Mayor

Tú demuestras amor por Dios cuando amas a las demás personas. Jesús dijo a la gente que el camino a la **vida eterna**, o felicidad para siempre con Dios, es el camino del amor. Como seguidor de Jesús, debes amar a los demás como te amas a ti mismo.

Loving God

God wants all people to be happy forever. Long ago, God made a holy promise, or **covenant**, with his people. He promised to be with his people always. God said, "I will be your God, and you will be my people" (Leviticus 26:12).

God gave his people rules or laws to follow. These laws are the **Ten Commandments**. Jesus taught people how to live up to the promises made to God. Jesus reminded people about obeying the Ten Commandments. When you obey God's Laws, you are showing your love for God and for one another.

Turn to page 167 in *A Little Catechism* for a review of the Ten Commandments.

The Great Commandment

You show your love for God when you love other people. Jesus told people that the way to **eternal life**, or happiness forever with God, is the way of love. As a follower of Jesus, you are to love other people as you love yourself.

Catholic Practices

Many Catholics bow their heads when they say the name of Jesus in prayer. This honors the Second Commandment.

Esta enseñanza de Jesús acerca del amor es el **Mandamiento Mayor**:

Amarás a Dios sobre todas las cosas, y al prójimo como a ti mismo.

Cuando practicas los Diez Mandamientos haces lo que el Mandamiento Mayor te pide que hagas. Los primeros tres Mandamientos te ayudan a amar y respetar a Dios. Los otros siete Mandamientos te ayudan a amar y respetar a los demás.

Actividad

Tú eres un seguidor de Jesucristo. Escuchas sus palabras. ¿Qué puedes hacer para demostrar tu amor a Dios? ¿De qué manera puedes demostrar amor por otras personas?

Dibuja o escribe tus respuestas en los corazones.

DIOS

OTROS

This teaching of Jesus about love is called the **Great Commandment:**

Love God above all things, and love your neighbor as you love yourself.

You do what the Great Commandment tells you to do when you live the Ten Commandments. The first three Commandments help you to love and respect God. The other seven Commandments help you to love and respect others.

Activity

You are a follower of Jesus Christ. You listen to his words. What is one thing you can do to show your love for God? What is one way you can show love for other people?

Draw or write your answers in the hearts.

GOD

OTHERS

Somos discípulos

Actividad **Camina por el sendero del amor**

Recuerda las palabras del Mandamiento Mayor.

Con un lápiz o un bolígrafo, comienza en "Inicio" y sigue el camino que te lleva por el sendero del amor.

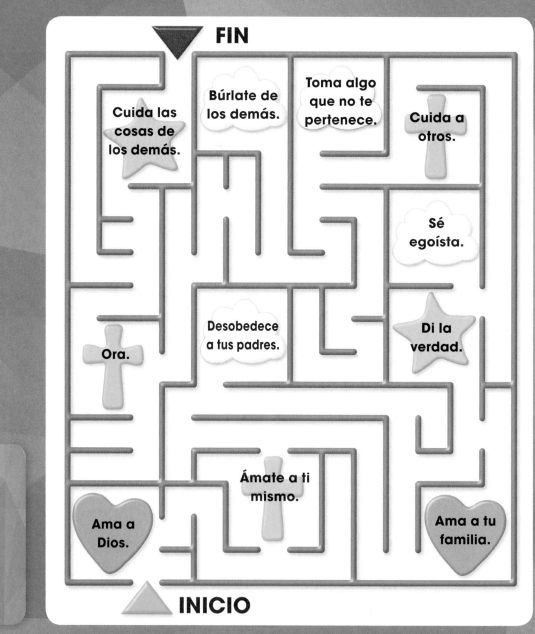

En la parroquia

Cuando vas a la Misa del domingo, obedeces el Tercer Mandamiento.

¿Qué sucede cuando no sigues el sendero del amor?

We Are Disciples

Walking the Way of Love

Remember the words of the Great Commandment.

Using a pencil or pen, begin at "Start" and follow the path that takes you down the way of love.

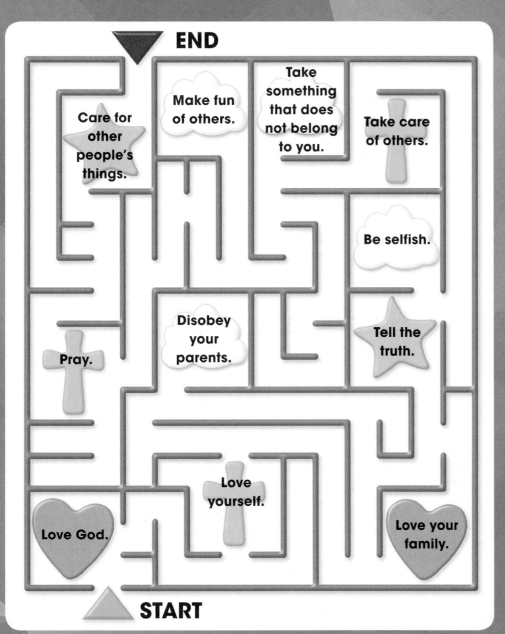

END

Care for other people's things.

Make fun of others.

Take something that does not belong to you.

Take care of others.

Be selfish.

Pray.

Disobey your parents.

Tell the truth.

Love yourself.

Love God.

Love your family.

START

Parish Connection

When you go to Mass on Sunday, you are obeying the Third Commandment.

What happens when you do not follow the way of love?

Ilumínanos

Todos   Señor, ilumínanos para caminar
por el sendero del amor.

Líder   La ley de Dios es perfecta,
nos da nueva vida.
Sus enseñanzas permanecen
    para siempre,
y dan sabiduría a su pueblo.

Todos   Señor, ilumínanos para caminar
por el sendero del amor.

Líder   Los mandamientos del Señor
    son rectos
y al corazón alegran.
Los mandamientos del Señor
    son claros
y son luz para los ojos.

Todos   Señor, ilumínanos para caminar
por el sendero del amor.

Líder   Señor, mi Roca y mi Redentor,
que todo lo que dice mi boca
y el murmullo de mi corazón
sean agradables a ti.

Todos   Señor, ilumínanos para caminar
por el sendero del amor.

BASADO EN EL SALMO 19:8,9,15

El hogar y la familia

Nota para la familia

Querida familia:

Aprendí que hace mucho tiempo Dios hizo una Alianza o promesa sagrada. Dios le dio a su pueblo los Diez Mandamientos. Aprendí que Dios quiere que yo lo ame y que ame a los demás. Éste es el Mandamiento Mayor. Puedo demostrar mi amor obedeciendo los Diez Mandamientos y siguiendo las enseñanzas de Jesús. Si demuestro mi amor de esta manera, seré feliz con Dios para siempre.

En familia

Conversen sobre algunas maneras en que los miembros de la familia practican diariamente el Mandamiento Mayor.

Hazlo tú mismo

Haz un calendario para la semana. Al final de cada día, dibuja un corazón en el calendario por cada acción amorosa que realizaste por Dios o los demás. ¡Esfuérzate por llenar tu calendario con corazones!

RCLBsacraments.com

Con tu familia

Hagan una lista de mandamientos para la familia que les ayudarán a demostrar amor a Dios y unos a otros. Decoren la lista y colóquenla donde la puedan ver los miembros de la familia.

Home and Family

Family Note

Dear Family,

I learned that long ago God made a covenant, or holy promise. God gave his people the Ten Commandments. I learned that God wants me to love him and to love other people. This is the Great Commandment. I can show my love by obeying the Ten Commandments and following the teachings of Jesus. If I show my love in this way, God promises I will be happy with him forever.

Family Chat

Talk about ways family members follow the Great Commandment every day.

On Your Own

Make a calendar for the week. At the end of each day, draw one heart on the calendar for each loving action you did for God or for others. Try to fill your calendar with hearts!

RCLBsacraments.com

With Your Family

Make up a list of family commandments that will help you show love for God and for one another. Decorate the list, and display it where family members can see it.

Give Us Light

All Lord, give us light
to walk the way of love.

Leader The Law of the Lord is perfect;
it gives us new life.
His teachings last forever,
and they give wisdom to his people.

All Lord, give us light
to walk the way of love.

Leader The Lord's instruction is right;
it makes our hearts glad.
His commands shine brightly,
they give us light.

All Lord, give us light
to walk the way of love.

Leader Let our words and our thoughts
be pleasing to you, Lord,
because you are our mighty rock
and our protector.

All Lord, give us light
to walk the way of love.

BASED ON PSALM 19:8,9,15

> Ojalá pudieran hoy oír su voz. No endurezcan sus corazones.
>
> SALMO 95:7-8

- ¿Te has sentido alguna vez como el personaje del poema?

- ¿Cómo haces daño a otros cuando dices NO?

- ¿Cómo te haces daño a ti mismo?

Yo digo NO

¿Alguna vez te ha pasado esto a ti?
Sé lo que tengo que hacer:
ser un amigo, demostrar amor;
pero hago lo contrario y sólo digo NO.

Sé las reglas que debería obedecer,
pero a veces hago lo que yo quiero.
En vez de hacer lo que es correcto,
digo NO. ¡Elijo pelear!

A las personas a quienes más amo,
a veces las lastimo. Soy malo, me
burlo, soy egoísta, me enojo; pero
yo sé que también me hago daño
a mí mismo cuando digo NO.

Refusing to Love

Oh, that today you would hear his voice:
Do not harden your hearts . . . PSALM 95:7-8

I Say "No!"

Has this ever happened to you?
I know what I'm supposed to do,
To be a friend, to let love show,
But I do the reverse—I just say "No!"

I know the rules I should obey,
But sometimes I want my own way.
Instead of doing what is right,
I say "No!" I choose to fight!

The people that I love the most
I sometimes hurt. I'm mean, I boast,
I'm selfish, angry—yet I know
I hurt myself, too,
when I say "No!"

■ Have you ever felt like the speaker in the poem?

■ What are the ways you hurt others when you say "No"?

■ How do you hurt yourself?

39

Dejar de amar

Jesús nos demostró cómo deberíamos amar a Dios y a los demás. Jesús también nos enseñó acerca del final de los tiempos. Jesús dijo que en el Juicio Final él juzgará a todas las personas por la manera en que vivieron sus vidas. Él se fijará en cómo las personas amaban a los demás. Aquellos que dieron la espalda a los demás se sorprenderán. Ellos se darán cuenta de que rechazaron a Dios. Esto dijo Jesús:

"Entonces el Rey dirá a los que estén a la izquierda: '¡Malditos, aléjense de mí y vayan al fuego eterno, que ha sido preparado para el diablo y para sus ángeles! Porque tuve hambre y ustedes no me dieron de comer; tuve sed y no me dieron de beber; era forastero y no me recibieron en su casa; estaba sin ropa y no me vistieron; estuve enfermo y encarcelado y no me visitaron'.

Failing to Love

Jesus showed us how we should love God and others. Jesus also taught about the end of time. Jesus said that at the Last Judgment he will judge all people on the way they lived their lives. He will look at how people have loved others. Those who turn their backs on others may be surprised. They will learn that they have turned their backs on God. Here is what Jesus said:

"Then the king will say to those on his left,

'Get away from me! I was hungry, but you did not give me anything to eat, and I was thirsty, but you did not give me anything to drink. I was a stranger, but you did not welcome me, and I was naked, but you did not give me any clothes to wear. I was sick and in jail, but you did not take care of me.'

"Éstos preguntarán también: 'Señor, ¿cuándo te vimos hambriento o sediento, desnudo o forastero, enfermo o encarcelado, y no te ayudamos?'.

"El Rey les responderá: 'En verdad les digo: siempre que no lo hicieron con alguno de éstos más pequeños, ustedes dejaron de hacérmelo a mí'".

BASADO EN MATEO 25:41-45

Decidir con amor

Conversen sobre maneras en que las personas no tratan a los demás con amor. Hablen sobre las maneras en que las personas pueden demostrar amor a los demás. Con un compañero o una compañera, representen una situación en que las personas dicen "No" al amor de Dios. Luego representen otra situación en que demuestren amor.

"Then the people will ask,

'Lord, when did we fail to help you when you were hungry or thirsty or a stranger or naked or sick or in jail?'

"The king will say to them,

'Whenever you failed to help any of my people, no matter how unimportant they seemed, you failed to do it for me.'"

BASED ON MATTHEW 25:41-45

Loving Choices

Talk about ways that people do not treat others with love. Talk about ways people can show love to others. With a partner, act out one way people say "No" to God's love. Then act out a more loving choice.

El pecado y el perdón

Dios te creó y él te ama. Sin embargo, Dios no te exige que lo ames. Él no te exige que ames a los demás. Dios te dio el **libre albedrío**. Es tu decisión decir "Sí" o "No" al amor y a las Leyes de Dios.

El **pecado** es rechazar el amor de Dios y hacer lo que sabes que está mal. También pecas al no hacer lo que sabes que es correcto o que demuestra amor. Las personas del relato de Jesús pecaron por no demostrar amor a otros. Como las personas en el relato bíblico tú serás juzgada individualmente según como hayas amada a los demás.

Dios quiere que actúes con amor. Cuando eliges el pecado en vez del amor, estás eligiendo lo que te gusta a ti y no lo que le gusta a Dios. Estás rompiendo las promesas hechas en tu Bautismo. Estás rechazando la gracia de Dios.

Sin and Forgiveness

God created you and he loves you. But God does not force you to love him. He does not force you to love others. God gave you **free will**. You can choose to say "Yes" or "No" to love and to God's Laws.

Sin is turning your back on God's love and doing what you know is wrong. You can also sin by not doing what you know is right or loving. The people in Jesus' story sinned by not showing love for others. Like the people in the Bible story, you will be judged individually on how well you have loved.

God wants you to act in a loving way. When you choose sin instead of love, you are choosing your own way instead of God's way. You are breaking the promises made at your Baptism. You are turning away from God's grace.

El pecado hace daño

El pecado daña tu relación con Dios y los demás. El **pecado mortal** es muy grave. El pecado mortal te separa de Dios. Los pecados menores se llaman **pecados veniales**. Los pecados veniales debilitan tu relación con Dios y con las demás personas.

La celebración del perdón

La **misericordia** de Dios es más poderosa que cualquier pecado. Cuando te arrepientes de tus pecados y prometes ser mejor, Dios siempre está listo para perdonarte. Dios quiere llenar de nuevo tu vida con amor y gracia. La Iglesia celebra el perdón de Dios en el Sacramento de la **Penitencia y la Reconciliación**, Este Sacramento también se llama **Penitencia o Reconciliación**. La palabra *reconciliación* significa "volver a estar juntos en paz". La palabra *penitencia* significa "reparar el daño causado por el pecado". Cuando celebras el Sacramento de la Penitencia y la Reconciliación, recibes la gracia para vivir como Dios quiere que vivas. Tú celebras este Sacramento antes de recibir la Primera Comunión.

Sin Hurts

Sin hurts your relationship with God and with others. **Mortal sin** is very serious. Mortal sin cuts you off from God. Less serious sins are called **venial sins**. Venial sins weaken your relationships with God and with other people.

Celebrating Forgiveness

God's **mercy** is stronger than any sin. When you are sorry for your sins and promise to do better, God is always ready to forgive you. God wants to fill your life with love and grace again. The Church celebrates God's forgiveness in the Sacrament of **Penance and Reconciliation**. This Sacrament is also called **Penance** or **Reconciliation**. The word *reconciliation* means "coming back together in peace." The word *penance* means "making up for doing wrong." When you celebrate the Sacrament of Penance and Reconciliation, you receive the grace to live as God wants you to live. You celebrate this Sacrament for the first time before you receive First Eucharist.

Somos discípulos

Elecciones equivocadas

No se puede pecar por accidente o por equivocación. Si haces algo porque tienes miedo o porque alguien te obliga a hacerlo, puede que no sea pecado. El pecado es una elección equivocada que haces.

Círcula las oraciones en donde se comete un pecado.

Tu mamá no te da dinero para comprar dulces, así que tú sacas dinero de su cartera cuando ella no está en el cuarto.

Te tropiezas en el patio y tiras a un niño pequeño.

Te burlas de un compañero que tiene problemas para hacer amigos.

Estás ayudando a limpiar después de la cena. Uno de los platos se resbala de tus manos y se rompe.

En la parroquia

En la Misa, fíjate en las oraciones que alaban la misericordia de Dios. Repite "**Señor, ten piedad**" y "**Cristo, ten piedad**" después del sacerdote.

We Are Disciples

Activity **Wrong Choices**

You cannot sin by accident or by mistake. If you do something because you are afraid or someone forces you to do something, it may not be a sin. Sin is a wrong choice that you make.

Circle the sentences in which a sin takes place.

Right

Wrong

Your mom won't give you money for some candy so you take money from her purse when she is out of the room.

You trip on the playground and knock over a small child.

You make fun of a classmate who has trouble making friends.

Parish Connection

At Mass, listen for the prayers that praise God's mercy. Say **"Lord, have mercy"** and **"Christ, have mercy"** after the priest does.

You are helping to clean up after dinner. One of the dishes slips out of your hands and breaks.

¿Qué hace Dios?

Escucha al líder de la oración leer estas palabras. Cierra los ojos y piensa en lo que es el pecado mientras escuchas.

Líder: Cada uno de nosotros ha sido bautizado, así que todos somos hijos e hijas de Dios. Dios nos ama y nos pide que le amemos con todo el corazón. El también quiere que seamos buenos unos con otros.

Sin embargo, las personas no siempre hacen lo que Dios quiere. Dicen: "¡No voy a obedecer! ¡Voy a hacer lo que me gusta!". Desobedecen a Dios y no quieren escucharlo. Nosotros, también, a menudo actuamos así.

¿Qué hace Dios cuando uno se aleja de él? ¿Se aleja Dios de nosotros cuando nosotros nos apartamos de él a causa de nuestros pecados?

Esto es lo que Dios hace, según las palabras del propio Jesús:

Yo les digo que habrá alegría en el cielo por un solo pecador que vuelve a Dios.

(BASADO EN LUCAS 15:7)

RITO DE LA PENITENCIA, APÉNDICE II 46 Y 47

Díganle a Dios que están arrepentidos por las ocasiones que no han elegido amar.

El hogar y la familia

Nota para la familia

Querida familia:

He aprendido que el pecado es la elección de rechazar el amor de Dios. Todos los pecados hacen daños. El pecado grave separa a las personas de Dios. El pecado menor debilita mi amistad con Dios y con los demás. Dios siempre quiere perdonar el pecado cuando estoy arrepentido y quiero mejorar. El Sacramento de la Penitencia y la Reconciliación celebra la misericordia y el perdón de Dios.

En familia

Pide a los miembros de tu familia que te den ideas de cómo decir "No" al pecado y "Sí" al amor.

Hazlo tú mismo

¿Quiénes son las personas a tu alrededor que están esperando que les des amor? Elije una manera de demostrar amor a alguien esta semana.

Con tu familia

Conversen acerca de lo que pueden hacer para ayudar a las personas que necesitan alimento y ropa abrigada. Demuestren amor ayudando a los demás en familia.

RCLBsacraments.com

51

Home and Family

Family Note

Dear Family,

I have learned that sin is a choice to turn away from God's love. All sin hurts. Serious sin cuts people off from God. Less serious sin weakens my friendship with God and others. God always wants to forgive sin when I am sorry and promise to do better. The Sacrament of Penance and Reconciliation celebrates God's mercy and forgiveness.

Family Chat

Ask family members for ideas on how to say "No" to sin and "Yes" to love.

On Your Own

Who are the people in your life who are looking for love from you? Choose one way to show your love to someone this week.

With Your Family

Talk about what you can do to help people who need food or warm clothes. Show your love by helping others as a family.

 RCLBsacraments.com

What Does God Do?

Listen to the leader of prayer read these words. Close your eyes and think about what sin is as you listen.

[Each] one of us has been baptized, and so we are all sons and daughters of God. God loves us as a Father, and he asks us to love him with all our hearts. He also wants us to be good to each other, so that we may all live happily together.

But people do not always do what God wants. They say, "I will not obey! I am going to do as I please." They disobey God and do not want to listen to him. We, too, often act like that.

. . . What does God do when someone turns away from him? What does he do when we leave the path of goodness that he has shown us, when we run the risk of losing the life of grace he has given us? Does God turn away from us when we turn away from him by our sins?

Here is what God does, in the words of Jesus himself:

Heaven is filled with joy when one sinner turns back to God.

(LUKE 15:7)

RITE OF PENANCE APPENDIX II 46 AND 47

In the quiet of your heart, tell God you are sorry for the times you have not chosen to love.

Lo que escojo, Señor, yo lo he dicho, es observar tus palabras. SALMO 119:57

Tú eliges

Todos los días, Lisa camina de la escuela a la casa con su amiga María y la hermana mayor de María. Un día María invita a Lisa a ir a su casa para ver una película.

Lisa sabe que debe ir directo a la casa después de la escuela para hacer su tarea. Su abuela la estará esperando. Sin embargo, Lisa en verdad quiere ver la película, así que va a la casa de María.

—¿Quieres llamar por teléfono a tu abuela? —la hermana de María le pregunta a Lisa.

Lisa sabe que si no llama, su abuela se preocupará. Pero si llama, la abuela le dirá que regrese a casa inmediatamente.

Decide cómo terminará esta historia. En un grupo pequeño, hablen sobre qué piensan que hará Lisa. ¿Qué sucederá si Lisa hace esa elección?

Loving Choices

My portion is the LORD;
I promise to keep your words. PSALM 119:57

You Decide

Every day Lisa walks home from school with her friend Maria and Maria's big sister. One day Maria asks Lisa to come to her house to watch a movie.

Lisa is supposed to go straight home after school and start her homework. Her grandmother will be waiting for her. But Lisa really wants to watch the movie, so she goes to Maria's house.

"Do you want to call your grandmother?" Maria's sister asks Lisa. Lisa knows that if she does not call, her grandmother will worry. But if she does call, Grandma will tell Lisa to come home right away.

Decide how this story will end. In a small group, talk about what you think Lisa will do. What will happen if Lisa makes this choice?

Sobre roca

Jesús quiso que la gente conozca la importancia de hacer buenas elecciones. El relató esta historia:

"Si uno escucha estas palabras mías y las pone en práctica, dirán de él: aquí tienen al hombre sabio y prudente, que edificó su casa sobre roca.

"Cayó la lluvia, se desbordaron los ríos, soplaron los vientos y se arrojaron contra aquella casa, pero la casa no se derumbó, porque tenía los cimientos sobre roca.

"Pero dirán del que oye estas palabras mías, y nos la pone en práctica: aquí tienen a un tonto que construyó su casa sobre arena.

"Cayó la lluvia, se desbordaron los ríos, soplaron los vientos y se arrojaron contra esa casa: casa se derrumbó y todo fue un gran desastre".　BASADO EN MATEO 7:24-27

¿Qué mensaje da Jesús sobre elecciones buenas y elecciones malas?

On Solid Rock

Jesus wanted people to know how important it was to make good choices. He told this story:

"Anyone who hears and obeys these teachings of mine is like a wise person who built a house on solid rock.

Rain poured down, rivers flooded, and winds beat against that house. But it did not fall, because it was built on solid rock.

Anyone who hears my teachings and does not obey them is like a foolish person who built a house on sand.

The rain poured down, the rivers flooded, and the winds blew and beat against that house. Finally, it fell with a crash."

BASED ON MATTHEW 7:24-27

What message is Jesus giving about wise and unwise choices?

¿Cuál es el mensaje?

En grupos de tres, representen una escena de personas que hacen buenas o malas elecciones. A continuación se dan algunas sugerencias de situaciones que pueden representar.

1. Tú y tu hermano están lanzándose una pelota en la casa. Ustedes saben que no deben jugar con la pelota en la casa. La pelota cae en un florero y éste se cae y se rompe.

Elección 1: Pide una disculpa a tu mamá por jugar con la pelota en la casa y por romper el florero.

Elección 2: Esconde los pedazos rotos en el basurero y dile a tu mamá que no sabes que sucedió cuando ella pregunte sobre los pedazos.

2. Una nueva estudiante llega a tu clase.

Elección 1: Tú y tu amigo se ríen de ella porque no les gusta su ropa.

Elección 2: Tú y tu amigo la invitan a jugar con ustedes en el recreo.

What is the message?

In groups of three, act out a scene of people making good choices or bad choices. Below are some suggestions for situations you might act out.

1. **You and your brother are throwing a ball in the house. You are not supposed to play ball in the house. A vase gets knocked over and breaks.**

   Choice 1: Tell your mom you are sorry for playing ball in the house and breaking the vase.

   Choice 2: Bury the broken pieces in the trash and tell your mom you don't know what happened when she asks about it.

2. **A new student comes to your class.**

   Choice 1: You and your friend laugh at her because you don't like her clothes.

   Choice 2: You and your friend ask her to play with you at recess.

Prácticas católicas

Los católicos hacen un examen de conciencia para considerar sus elecciones morales.

Hacer elecciones

Tú haces elecciones todo el tiempo. Algunas elecciones son fáciles, como elegir entre comer una manzana o un plátano como refrigerio. Otras elecciones son más difíciles. Tal vez necesites hacer lo que se llama una elección moral. Esto es elegir entre algo que es correcto y algo que es incorrecto. ¡Saber la diferencia no es siempre tan fácil como elegir entre manzanas y plátano!

¿Cómo puedes hacer buenas elecciones morales? Intenta seguir estos pasos:

- Detente y piensa en la elección que estás haciendo. ¿Qué elección demostraría amor a Dios y los demás?

- Piensa qué pasaría con cada elección. Tus elecciones tienen consecuencias. Esto significa que tus elecciones pueden ayudarte o hacerte daño a ti y a los demás.

- Piensa en las Leyes de Dios. Pide ayuda al Espíritu Santo para hacer mejores elecciones.

Making Choices

You make choices all the time. Some choices are easy, like deciding whether to have an apple or a banana for a snack. Other choices are more difficult. You may need to make what is called a moral choice. This is a choice between something that is right and something that is wrong. Knowing the difference is not always as easy as choosing between apples and bananas!

How can you make good moral choices? Try following these steps:

- Stop and think about the choice you are making. Which choice would show love for God and others?

- Think about what will happen if you make each choice. Your choices have consequences. This means that your choices can help or hurt you and others.

- Think of God's Laws. Ask the Holy Spirit to help you make the best choice.

Catholic Practices

Catholics make an examination of conscience to review their moral choices.

Hablemos

- Da ejemplos de una elección moral que quizás tengas que hacer.

- ¿Por qué deberías pensar en las consecuencias?

- ¿Cómo te ayuda tu conciencia a elegir?

- ¿A quién le puedes pedir consejo?

Tu roca

No tienes que hacer elecciones sin pedir ayuda. Dios te ha dado el don de la **conciencia** para ayudarte a hacer elecciones morales. Tu conciencia es el sentido interior que tienes de lo que es correcto y de lo que es incorrecto. Tu conciencia te ayuda a recordar lo que has aprendido de tu familia, tus maestros y la Iglesia acerca de lo que es correcto.

Los Diez Mandamientos y las enseñanzas de Jesús te ayudan a guiar tu conciencia.

En cierta forma, tu conciencia puede ser como la roca de la historia de Jesús. Úsala sabiamente y harás elecciones morales buenas. Si ignoras lo que sabes que es correcto, harás elecciones tontas o hasta pecaminosas. Depende de ti.

Your Solid Rock

You do not have to make choices without help. God has given you the gift of a **conscience** to help you make moral choices. Your conscience is your inner sense of what is right and what is wrong. Your conscience helps you remember what you have learned from your family, your teachers, and the Church about what is right.

The Ten Commandments and the teachings of Jesus help guide your conscience.

In a way, your conscience can be like the solid rock in Jesus' story. Use it wisely and you will make good moral choices. Ignore what you know is right, and you will make choices that are foolish or even sinful. It's up to you.

Let's Talk

■ Give examples of a moral choice you might make.

■ Why should you think about the consequences?

■ How does your conscience help you choose?

■ Who can you ask for advice?

63

Somos discípulos

Actividad ¿Sobre roca o sobre arena?

Lee cada elección.
Circula la roca si piensas que la elección es moral, o correcta.
Circula la arena si piensas que la elección es incorrecta.

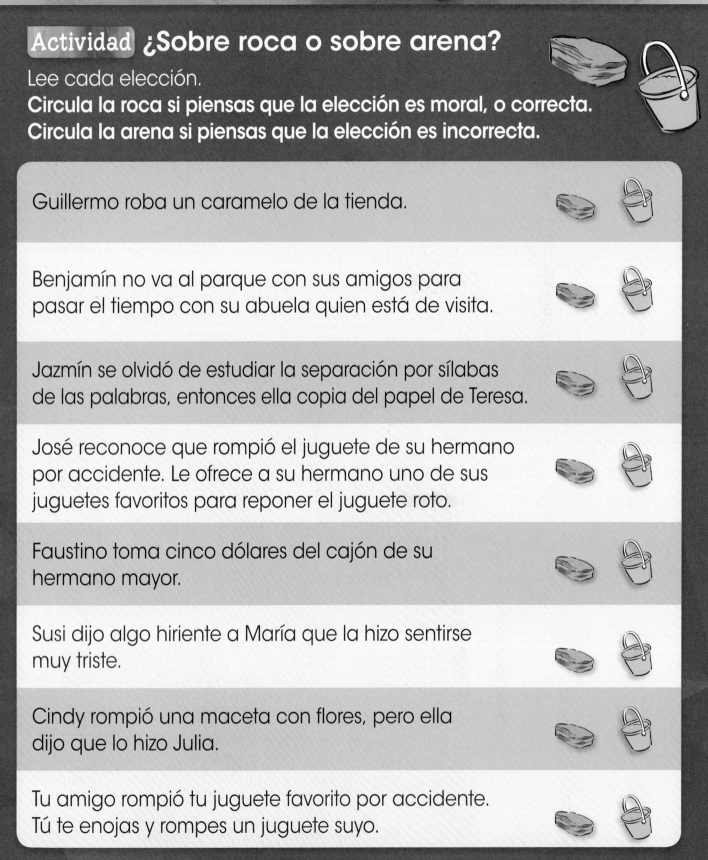

Guillermo roba un caramelo de la tienda.

Benjamín no va al parque con sus amigos para pasar el tiempo con su abuela quien está de visita.

Jazmín se olvidó de estudiar la separación por sílabas de las palabras, entonces ella copia del papel de Teresa.

José reconoce que rompió el juguete de su hermano por accidente. Le ofrece a su hermano uno de sus juguetes favoritos para reponer el juguete roto.

Faustino toma cinco dólares del cajón de su hermano mayor.

Susi dijo algo hiriente a María que la hizo sentirse muy triste.

Cindy rompió una maceta con flores, pero ella dijo que lo hizo Julia.

Tu amigo rompió tu juguete favorito por accidente. Tú te enojas y rompes un juguete suyo.

We Are Disciples

Activity On Rock or Sand?

Read each choice.
Circle the rock if you think it is a moral, or right choice.
Circle the sand if you think it is a wrong choice.

Will steals a candy bar from the store.

Ben gives up a trip to the park with his friends to spend time with his grandmother, who is visiting.

Janie forgets to study her spelling words, so she copies Teresa's paper.

Bill admits he broke his brother's toy by accident. He offers his brother one of his own favorite toys to make up for it.

Justin took five dollars out of his older brother's drawer.

Sue said some mean things to Mary that made Mary feel very sad.

Cindy broke a flowerpot, but she said Julie did it.

Your friend broke your favorite toy by accident. You get angry and break one of his.

Venimos ante nuestro Padre

Líder — Dios Padre, a veces no nos hemos portado como deben portarse tus hijos.

Todos — Pero tú nos amas y vienes a nosotros.

Líder — Les hemos causado problemas a nuestros padres y maestros.

Todos — Pero tú nos amas y vienes a nosotros.

Líder — Nos hemos peleado y nos hemos ofendido.

Todos — Pero tú nos amas y vienes a nosotros.

Líder — Hemos sido flojos en la casa y en la escuela, y no hemos ayudado a nuestras familias.

Todos — Pero tú nos amas y vienes a nosotros.

Líder — Hemos pensado demasiado en nosotros mismos y hemos dicho mentiras.

Todos — Pero tú nos amas y vienes a nosotros.

Líder — No hemos hecho el bien a los demás cuando teníamos la oportunidad.

Todos — Pero tú nos amas y vienes a nosotros.

Líder — Ahora, junto con Jesús, nuestro hermano, venimos ante nuestro Padre del Cielo y le pedimos que perdone nuestros pecados:

Todos — Padre nuestro

RITO DE LA PENITENCIA APÉNDICE II 50

El hogar y la familia

Nota para la familia

Querida familia,

He aprendido que una elección moral es una elección entre lo correcto y lo incorrecto. Sé que es importante pensar en las consecuencias de mis elecciones y pedir la ayuda de Dios para hacer buenas elecciones. Tengo una conciencia, un don de Dios que me ayuda a elegir lo que es correcto. Lo que he aprendido de ustedes y de la Iglesia me ayudan a formar y a guiar mi conciencia.

En familia

Conversen acerca de cómo hacer buenas elecciones.

Hazlo tú mismo

Crea tu propio examen de conciencia. Piensa en las elecciones que hiciste y en las cosas que hiciste esta semana. ¿Cómo responden a lo que tu conciencia te dice que es correcto?

RCLBsacraments.com

Con tu familia

Conversen acerca de las elecciones que los personajes hacen en los programas de televisión o en las películas que ven juntos. ¿Son elecciones morales? ¿Qué pasos siguen los personajes cuando hacen sus elecciones? ¿Cuáles son las consecuencias? ¿Qué harían ustedes diferente?

Home and Family

Family Note

Dear Family,

I have learned that a moral choice is a choice between right and wrong. I know that it is important to think about the consequences of my choices, and to ask for God's help in making good choices. I have a conscience that helps me choose what is right. What I have learned from you and from the Church helps to form and to guide my conscience.

Family Chat

Talk about how to make good choices.

On Your Own

Make up your own examination of conscience. Think about the choices you made and the things you did this week. How do they measure up against what your conscience tells you is right?

RCLBsacraments.com

With Your Family

Talk about the choices characters make on TV shows or in the movies. Are these moral choices? What steps do the characters follow when they make their choices? What are the consequences? What would you do differently?

We Come Before Our Father

Leader God, our Father, sometimes we have not behaved as your children should.

All But you love us and come to us.

Leader We have given trouble to our parents and teachers.

All But you love us and come to us.

Leader We have quarrelled and called each other names.

All But you love us and come to us.

Leader We have been lazy at home and in school, and have not been helpful to our [families].

All But you love us and come to us.

Leader We have thought too much of ourselves and have told lies.

All But you love us and come to us.

Leader We have not done good to others when we had the chance.

All But you love us and come to us.

Leader Now with Jesus, our brother, we come before our Father in Heaven and ask him to forgive our sins:

All Our Father . . .

RITE OF PENANCE APPENDIX II 50

Yo dije: "Señor, apiádate de mí, sáname porque he pecado contra ti". SALMO 41:5

Las palabras correctas

Me enojé tanto cuando perdí el juego,
que me desquité, con mi amigo.
Mi amigo se sintió herido.
Yo sólo me reí y empeoré la situación.
Él me dejó y ahora me siento solo.
Él volvería, yo lo sé, ¡si tan sólo
supiera qué decir para borrar las
palabras que lo hicieron partir!

Haz como si tú fueras el que recita este poema.

■ ¿Qué puedes decir o hacer para reconciliarte con tu amigo?

■ Comparte tus ideas con un compañero o una compañera.

Returning to Love

5

> LORD, have mercy on me; heal me,
> I have sinned against you.   PSALM 41:5

The Right Words

I got so mad when I lost the game,
I called my friend an awful name.
My friend acted really hurt,
But I just laughed, and made it worse.
Now he's gone, and I'm so lonely.
He'd come back, I know, if only
I could find the words to say
To make my bad words go away!

Pretend you are the speaker of this poem.

■ What can you say or do to make up with your friend?

■ Share your ideas with a partner.

71

Regresar casa

Jesús quería que la gente supiese que el amor de Dios siempre espera, aun cuando la gente rechace su amor. Así que Jesús relató una historia acerca de un joven que se fue de la casa. El joven malgastó el dinero de la familia en elecciones egoístas. Luego, cuando quedó pobre y solo, el corazón del joven cambió. Jesús continuó la historia:

"Finalmente recapacitó y se dijo: '¡Cuántos asalariados de mi padre tienen pan de sobra, mientras yo aquí me muero de hambre! Tengo que hacer algo: volveré donde mi padre y le diré: Padre, he pecado contra Dios y contra ti. Ya no merezco ser llamado hijo tuyo. Trátame como a uno de tus asalariados'.

Going Home

Jesus wanted people to know that God's love is always waiting, even when people turn away. So Jesus told a story about a young man who ran away from home. The young man wasted his family's money on selfish choices. Then, when he was poor and alone, the runaway's heart changed. Jesus continued the story:

"Finally, he came to his senses and said, 'My father's workers have plenty to eat, and here I am, starving to death! I will leave and go to my father and say to him, "Father, I have sinned against God in heaven and against you. I am no longer good enough to be called your son. Treat me like one of your workers."'"

Word of God

Make known to me your ways, LORD; teach me your paths.

PSALM 25:4

73

Hablemos

¿En qué se parece Dios al padre del que se fue de casa en el relato de Jesús?

"Se levantó, pues, y se fue donde su padre. Estaba aún lejos, cuando su padre lo vio y sintió compasión; corrió a echarse a su cuello y lo besó. Entonces el hijo le habló: 'Padre, he pecado contra Dios y ante ti. Ya no merezco ser llamado hijo tuyo'.

"Pero el padre dijo a sus servidores: '¡Rápido! Traigan el mejor vestido y pónganselo. Colóquenle un anillo en el dedo y traigan calzado para sus pies. Traigan el ternero gordo y mátenlo; comamos y hagamos fiesta, porque este hijo mío estaba muerto y ha vuelto a la vida; estaba perdido y lo hemos encontrado'. Y comenzaron la fiesta".

BASADO EN LUCAS 15:17-24

"The younger son got up and started back to his father. But when he was still a long way off, his father saw him and felt sorry for him. He ran to his son and hugged and kissed him.

"The son said, 'Father, I have sinned against God in heaven and against you. I am no longer good enough to be called your son.'

"But his Father said to the servants, 'Hurry and bring the best clothes and put them on him. Give him a ring for his finger and sandals for his feet. Get the best calf and prepare it, so we can eat and celebrate. This son of mine was dead, but has now come back to life. He was lost and has now been found.' And they began to celebrate."

BASED ON LUKE 15:17-24

Let's Talk

How is God like the father of the runaway in Jesus' story?

Creemos

La contrición, o arrepentimiento del pecado, incluye admitir que estás equivocado, pedir el perdón de Dios y prometer ser mejor.

Estar arrepentido

En la historia que relató Jesús, el hijo regresó a casa y dijo que estaba arrepentido. ¿Cómo te reconcilias con un amigo a quien has herido? Puedes admitir que estabas equivocado. Puedes decir: "Lo siento". Puedes pedirle a tu amigo que te perdone. Puedes prometer ser mejor amigo o amiga. Haz todo lo que puedas para reparar lo que hiciste.

Cuando pecas, te haces daño a ti mismo y a los demás. Dañas tu relación con Dios. Pero el pecado no es el final. Para restablecer y fortalecer tu amistad con Dios, sigue los mismos pasos que seguirías con tu amigo.

Being Sorry

In the story that Jesus told, the son returned home and said he was sorry. How do you make up with a friend you've hurt? You can admit you were wrong. You can say, "I'm sorry." You can ask your friend to forgive you. You can promise to be a better friend. And you can do whatever you can to make up for what you did.

When you sin, you hurt yourself and others. You hurt your friendship with God. But sin is not the end. To restore and strengthen your friendship with God, follow the same steps you would follow with your friend.

- **Admite que estuviste equivocada.** Admite que hiciste una elección equivocada.

- **Di que estás arrepentido.** El arrepentimiento que sientes por el pecado se llama **contrición**.

- **Pide el perdón de Dios.** La mejor parte es que Dios es como el padre de la historia de Jesús. Cuando te arrepientes de tus pecados, Dios siempre te perdona.

- **Promete ser mejor.** Parte de estar verdaderamente arrepentida de tus pecados es prometer ser mejor.

- **Haz lo que puedas para compensar lo que hiciste.** En el Sacramento de la Penitencia y la Reconciliación, el sacerdote te da una penitencia. Una **penitencia** es algo que hacer o algunas oraciones que rezar para ayudarte a compensar el mal que hiciste.

- **Admit you were wrong.** Admit that you made wrong choices.

- **Say you are sorry.** The sorrow you feel for sin is called **contrition**.

- **Ask God's forgiveness.** The best part is that God is like the father in Jesus' story. When you are sorry for sin, God always forgives you.

- **Promise to do better.** Part of being truly sorry for sin is promising to do better.

- **Do what you can to make up for what you did.** In the Sacrament of Penance and Reconciliation, the priest gives you a penance. A **penance** is something to do or some prayers to pray to help make up for what you did wrong.

Somos discípulos

Actividad La compensación

Escribe o habla acerca de las maneras en que tú podrías compensar por cada una de estas elecciones equivocadas.

Elección equivocada	Mejorar las cosas
Pelearse con un miembro de la familia	
Rehusarte a hacer lo que tu mamá te pide que hagas	
Robar caramelos de una tienda	

Prácticas católicas

La Cuaresma es un tiempo especial de penitencia piadosa.

Actividad Nota para Dios

Escribe una nota de agradecimiento a Dios. Dile a Dios lo feliz que estás porque él está siempre listo para darte otra vez la bienvenida en su amistad.

We Are Disciples

Activity Making Up

Write or talk about ways you could make up for each of these wrong choices.

Wrong Choice	Make Things Better
Fighting with a family member	
Refusing to do what your parent asks you to do	
Stealing candy from a store	

Activity Note to God

Write a thank you note to God. Tell God how happy you are that he is always ready to welcome you back into his friendship.

Catholic Practices

The season of Lent, when Catholics prepare for Easter, is a special time of prayerful penance.

Acto de contrición

Dios mío: con todo mi corazón me
   arrepiento de todo el mal que he
   hecho y de todo lo bueno que he
   dejado de hacer.
Al pecar, te he ofendido a ti, que eres
   el Supremo Bien y digno de ser
   amado sobre todas las cosas.
Propongo firmemente, con la ayuda
   de tu gracia, hacer penitencia,
   no volver a pecar y huir de las
   ocasiones de pecado.
Señor: Por los méritos de la pasión de
   nuestro Salvador Jesucristo, apiádate
   de mí.

RITO DE LA PENITENCIA 45

Saved!

In Luke's Gospel there are many stories about how Jesus treated people. Read the story below to see how Jesus treated a man named Zacchaeus.

Jesus was going through Jericho, where a man named Zacchaeus lived.

Zacchaeus was in charge of collecting taxes and was very rich.

Jesus was heading his way, and Zacchaeus wanted to see what he was like. But Zacchaeus was a short man and could not see over the crowd. So he ran ahead and climbed up into a sycamore tree.

When Jesus got there, he said, "Zacchaeus, hurry down! I want to stay with you today."

Zacchaeus hurried down and gladly welcomed Jesus.

- ¿Por qué Jesús llamó a Zaqueo?

- ¿Cómo la amistad de Jesús cambió la manera de actuar de Zaqueo?

- ¿Cómo puedes tú acercarte más a Jesús?

Entonces todos empezaron a criticar y a decir: "Se ha ido a casa de un rico que es un pecador".

Pero Zaqueo dijo resueltamente a Jesús: "Señor, voy a dar la mitad de mis bienes a los pobres, y a quien le haya exigido algo injustamente le devolveré cuatro veces más".

Jesús, pues, dijo con respecto a él: "Hoy ha llegado la salvación a esta casa, pues también este hombre es un hijo de Abrahán. El hijo del Hombre ha venido a buscar y a salvar lo que estaba perdido". BASADO EN LUCAS 19:1-10

Jesús quiere que tú le des la bienvenida como lo hizo Zaqueo. Puedes estar cerca de Jesús cuando actúas con amor. Renuevas tu amistad con Jesús en el Sacramento de la Penitencia y la Reconciliación.

Everyone who saw this started grumbling, "This man, Zacchaeus, is a sinner! And Jesus is going home to eat with him."

Later that day Zacchaeus stood up and said to the Lord, "I will give half my property to the poor. And I will now pay back four times as much to everyone I have ever cheated."

Jesus said to Zacchaeus, "Today you and your family have been saved, because you are a true son of Abraham. The Son of Man came to look for and to save people who are lost."

BASED ON LUKE 19:1-10

Let's Talk

- Why did Jesus speak to Zacchaeus?

- How did Jesus' friendship change the way Zacchaeus acted?

- How can you be closer to Jesus?

Jesus wants you to welcome him like Zacchaeus did. You can be close to Jesus when you act in loving ways. You renew your friendship with Jesus in the Sacrament of Penance and Reconciliation.

Celebrar la Penitencia y la Reconciliación

Cuando celebras el Sacramento de la Penitencia y la Reconciliación, haces las cosas en cierto orden. El orden se llama rito. He aquí cómo celebras el Rito de la Penitencia como un **penitente individual**. Individual significa que te encuentras privadamente con el sacerdote. Un penitente es alguien que se arrepiente de haber pecado.

- **El sacerdote te saluda.** Hacen la Señal de la Cruz juntos.

- **Compartes la Palabra de Dios.** El sacerdote tal vez recite o lea algún texto de las Escrituras.

- **Confiesas tus pecados al sacerdote.** Siempre debes **confesar** todos los pecados mortales. Cuando confiesas los pecados veniales te ayuda a hacer mejores elecciones en el futuro. Todo lo que confiesas al sacerdote es privado.

Celebrating Penance and Reconciliation

When you celebrate the Sacrament of Penance and Reconciliation, you do things in a certain order. The order is called a rite. Here is how you celebrate the Rite of Penance as an **individual penitent.** Individual means you meet privately with the priest. A penitent is someone who is sorry for having sinned.

- **The priest greets you.** You make the Sign of the Cross.

- **You share God's Word.** The priest may recite or read some words of Scripture.

- **You confess your sins to the priest.** You must always **confess** any mortal sins. Confessing venial sins can help you think about better choices in the future. Everything you confess to the priest is private.

En el Sacramento de la Penitencia y la Reconciliación, el sacerdote actúa en el nombre y lugar de Jesús. Él ofrece la absolución del pecado en el nombre de Dios y de la Iglesia.

■ **El sacerdote te da una penitencia.** El sacerdote te pide que reces algunas oraciones o que hagas algo como penitencia.

■ **Rezas una oración de contrición.** Demuestras que estás arrepentido por tus pecados. Prometes ser mejor con la ayuda de la gracia de Dios.

■ **El sacerdote te da la absolución.** Absolución significa "borrar". Se borran los pecados que has cometido gracias al amor misericordioso de Dios.

■ **El sacerdote te despide.** El sacerdote puede decir: "El Señor ha perdonado tus pecados. Vete en paz."

Por medio del Sacramento de la Penitencia y la Reconciliación recibes la gracia para ayudarte a ser mejor y se restablece tu relación de amor con Dios. También te reconcilias con el Cuerpo de Cristo, la Iglesia.

- **The priest gives you a penance.** The priest asks you to say some prayers or gives you something to do as a penance.

- **You say a prayer of contrition.** You show that you are sorry for your sins. You promise to do better with the help of God's grace.

- **The priest gives you absolution.** Absolution means "wiping away." The sins you have committed are wiped away by God's forgiving love.

- **You are sent forth.** The priest may say, "The Lord has freed you from your sins. Go in peace."   *RITE OF PENANCE 47*

Through the Sacrament of Penance and Reconciliation, you receive the grace to help you to do better and your loving relationship with God is restored. You are also reconciled with the Body of Christ, the Church.

This We Believe

In the Sacrament of Penance and Reconciliation, the priest acts in the name and place of Jesus. He offers absolution from sin in the name of God and of the Church.

Somos discípulos

Actividad Hacer una tarjeta recordatoria

En una tarjeta, escribe palabras o haz dibujos que te ayudarán a recordar los pasos para celebrar el Sacramento de la Penitencia y la Reconciliación.

En la parroquia

Averigua cuándo celebra tu parroquia el Sacramento de la Penitencia y la Reconciliación.

Actividad Terminar el relato

Con un grupo, representa tu propio final del relato de Zaqueo. Muestra qué hace Zaqueo después de conocer a Jesús.

¿Qué hace Zaqueo para compensar lo que ha hecho mal?

¿Qué crees que ahora la gente sentirá por Zaqueo?

We Are Disciples

Activity Make a Reminder Card

On a card, write words or draw pictures that will help you remember the steps for celebrating the Sacrament of Penance and Reconciliation.

Activity Finish the Story

With a group, act out your own ending for the story of Zacchaeus. Show what Zacchaeus does after he meets with Jesus.

What is one way Zacchaeus can make up for what he has done wrong?

How do you think people will feel about Zacchaeus now?

Parish Connection

Find out when your parish celebrates the Sacrament of Penance and Reconciliation.

Señor, ten piedad

 Señor Dios, tú conoces todas las cosas. Tú sabes que queremos ser más generosos en servirte a ti y al prójimo. Míranos con amor y escucha nuestra oración.

 Danos la fuerza para alejarnos del pecado.

Todos Señor, escucha nuestra oración.

 Ayúdanos a arrepentirnos de nuestros pecados y a cumplir nuestras promesas.

Todos Señor, escucha nuestra oración.

 Perdona nuestros pecados y ten piedad de nuestras debilidades.

Todos Señor, escucha nuestra oración.

 Haz que confiemos en tu bondad y haznos generosos en servirte.

Todos Señor, escucha nuestra oración.

 Ayúdanos a ser auténticos seguidores de tu Hijo y miembros vivos de su Iglesia.

Todos Señor, escucha nuestra oración.

RITO DE LA PENITENCÍA 60

El hogar y la familia

Nota para la familia

Querida familia:

He aprendido que hay un orden especial, o rito, para celebrar el Sacramento de la Penitencia y la Reconciliación. El sacerdote me saluda y comparte la Palabra de Dios conmigo. Confieso mis pecados al sacerdote, quien los mantiene en privado. Él me da una penitencia. Rezo una oración de contrición. El sacerdote me da la absolución —perdón de los pecados— en el nombre de Dios y de la Iglesia. Él me envía a dar gracias a Dios.

En familia

Conversen sobre por qué el Sacramento de la Penitencia y la Reconciliación es importante.

Hazlo tú mismo

Crea tu propia oración al Espíritu Santo. Pide ayuda para celebrar el Sacramento de la Penitencia y la Reconciliación.

Con tu familia

Planea una celebración familiar especial para el día en que celebrarás el Sacramento de la Penitencia y la Reconciliación por primera vez.

 RCLBsacraments.com

Home and Family

Family Note

Dear Family,

I have learned that there is a special order, or rite, for celebrating the Sacrament of Penance and Reconciliation. The priest greets me and shares God's Word with me. I confess my sins to the priest, who keeps them private. He gives me a penance. I pray a prayer of contrition. The priest gives me absolution—forgiveness of sin—in the name of God and of the Church. He sends me out to thank God.

Family Chat

Talk about why the Sacrament of Penance and Reconciliation is important.

On Your Own

Make up your own prayer to the Holy Spirit. Ask for help in celebrating the Sacrament of Penance and Reconciliation.

With Your Family

Plan a special family celebration for the day when you will celebrate the Sacrament of Penance and Reconciliation for the first time.

 RCLBsacraments.com

Lord, Have Mercy

Leader Lord, our God, you know all things. You know that we want to be more generous in serving you and our neighbor. Look on us with love and hear our prayer.

Leader Give us the strength to turn away from sin.

All Hear our prayer.

Leader Help us to be sorry for our sins and to keep our [promises].

All Hear our prayer.

Leader Forgive our sins and have pity on our weaknesses.

All Hear our prayer.

Leader Give us trust in your goodness and make us generous in serving you.

All Hear our prayer.

Leader Help us to be true followers of your Son and living members of his Church.

All Hear our prayer.

RITE OF PENANCE **60**

Queridos, si Dios nos amó de esta manera, también nosotros debemos amarnos mutuamente. 1º. JUAN 4:11

Convídalos

Crea tu propia historia acerca de cómo ser perdonado puede iniciar una cadena de sentimientos positivos. Cuéntala o represéntala.

Dejé otra vez mi patineta en la entrada del garaje. Le dije a papá que lo sentía y él me perdonó.

¡Me sentí tan bien cuando me perdonó papá! Limpié mi cuarto aun antes que me lo pidiera mamá.

¡Mamá se sintió tan bien porque no tuvo que regañarme acerca de mi cuarto! Hizo sus enchiladas especiales para la cena e invitó a la Sra. Evita, la vecina.

La Sra. Evita se sintió tan bien porque no cenaría sola que ¡nos hizo una tarta!

Cuando papá me arropó en la cama, me dijo que el amor y el perdón son como rebanadas de la tarta de la Sra. Evita: ¡los puedes convidar a otros!

Beloved, if God so loved us, we also must love one another. 1 JOHN 4:11

Pass It Around

I left my skateboard in the driveway again. I told my dad I was sorry, and he forgave me.

I felt so good when Dad forgave me! I cleaned my room before Mom even asked.

Mom felt so good when she didn't have to nag me about my room! She made her special enchiladas for dinner. She invited Mrs. Darcy from next door.

Mrs. Darcy felt so good about not eating dinner alone, she made us a pie! When Dad tucked me in, he told me love and forgiveness are like pieces of Mrs. Darcy's pie—you can pass them around!

> Make up your own story about how being forgiven can start a whole chain of good feelings. Tell or act out your story.

Mucho amor

Lee esta historia de la Biblia para enterarte cómo Jesús hizo sentir bien a alguien. ¿Qué pasará como resultado?

Un fariseo llamado Simón invitó a Jesús a comer. Jesús entró en casa del fariseo y se reclinó en el sofá para comer.

En aquel pueblo había una mujer conocida como una pecadora; al enterarse de que Jesús estaba comiendo en casa del fariseo, tomó un frasco de perfume, se colocó detrás de él, a sus pies, y se puso a llorar. Sus lágrimas empezaron a regar los pies de Jesús y ella trató de secarlos con su cabello. Luego le besaba los pies y derramaba sobre ellos el perfume.

Al ver esto el fariseo que lo había invitado, se dijo interiormente: "Si este hombre fuera profeta, sabría que la mujer que lo está tocando es una pecadora, conocería a la mujer y lo que vale".

Y volviéndose hacia la mujer, dijo a Simón: "¿Ves a esta mujer? Cuando entré en tu casa, no me ofreciste agua para los pies, mientras que ella me ha lavado los pies con sus lágrimas y me los ha secado con sus cabellos.

Great Love

Read this story from the Bible to find out how Jesus made someone feel good. What do you think will happen as a result?

A Pharisee (named Simon) invited Jesus to have dinner with him. So Jesus went to the Pharisee's home and got ready to eat.

When a sinful woman in that town found out Jesus was there, she bought an expensive bottle of perfume. Then she came and stood behind Jesus. She cried and started washing his feet with her tears and drying them with her hair. The woman kissed his feet and poured perfume on them.

The Pharisee who invited Jesus saw this and said to himself, "If this man were really a prophet, he would know what kind of woman is touching him! He would know she was a sinner!"

Jesus turned toward the woman and said to Simon, "Have you noticed this woman? When I came into your home, you didn't give me any water so I could wash my feet. But she has washed my feet with her tears and dried them with her hair.

Hablemos

- ¿Qué pensó el fariseo de la mujer que vino a ver a Jesús?

- ¿Qué signos de amor demostró la mujer a Jesús?

- ¿De acuerdo a Jesús, ¿por qué la mujer demostró mucho amor?

"Tú no me has recibido con un beso, pero ella, desde que entró, no ha dejado de cubirime los pies de besos. Tú no me ungiste la cabeza con aceite; ella, en cambio, ha derramado perfume sobre mis pies. Por eso te digo que sus pecados, sus numerosos pecados, le quedan perdonados, por el mucho amor que ha manifestado. En cambio aquel al que se le perdona poco, demuestra poco amor".

BASADO EN LUCAS 7:36-39,44-47

Jesús perdonó los pecados de la mujer. ¿Cómo crees que se sintió ella cuando Jesús hizo eso? ¿Cómo crees que podría cambiar la mujer como resultado de la amabilidad de Jesús?

"You didn't greet me with a kiss, but from the time I came in, she has not stopped kissing my feet.

"You didn't even pour olive oil on my head, but she has poured expensive perfume on my feet.

"So I tell you that all her sins are forgiven, and that is why she has shown great love."

BASED ON LUKE 7:36-39,44-47

Let's Talk

- What did the Pharisee think about the woman who came to see Jesus?

- What signs of love did the woman show to Jesus?

- According to Jesus, why did the woman show such great love?

Jesus forgave the woman's sins. How do you think she felt when he did that? How do you think the woman might change as a result of Jesus' kindness?

El amor y la gracia

El Sacramento de la Penitencia y la Reconciliación te regresa a la amistad con Dios. Regresas a casa junto a tu familia eclesiástica. Tus pecados te son perdonados. Creces en el amor y en la gracia.

El perdón de Dios te hace sentir mejor. Cuando te perdonan, es más fácil perdonar a los demás. Cuando sabes que te aman, es más fácil demostrar amor a los demás.

En la Penitencia y la Reconciliación pasas por la conversión. La **conversión** significa "regresar". Te alejas del pecado y regresas hacia el amor de Dios. Te alejas de los malos hábitos. Regresas hacia las acciones y elecciones buenas.

Love and Grace

The Sacrament of Penance and Reconciliation brings you back to friendship with God. You come back home to your Church family. Your sins are forgiven. You grow in love and grace.

God's forgiveness makes you feel better. When you are forgiven, it's easier to forgive others. When you know you are loved, it's easier to show love to others.

In Penance and Reconciliation you go through conversion. **Conversion** means "turning around." You turn away from sin. You turn toward God's love. You turn away from bad habits. You turn toward good actions and choices.

Crecer en el amor

El Sacramento de la Penitencia y la Reconciliación no termina cuado dejas el cuarto de Reconciliación o la iglesia. Cumples la penitencia que el sacerdote te ha dado. Haces lo que puedes para compensar cualquier error que has cometido. El don de la gracia de Dios permanece contigo. El Espíritu Santo te ayuda a crecer en el amor.

¿Practicas un deporte o tocas un instrumento musical? Celebrar el Sacramento de la Penitencia y la Reconciliación es como practicar para una vida llena de bondad. Aprendes buenos hábitos, como la paciencia y la amabilidad. Estos buenos hábitos se llaman **virtudes**. Así como la mujer que demostró signos de amor hacia Jesús, tú compartes la misericordia y el amor de Dios con todos aquellos a quienes conoces.

Actividad

Con la ayuda de tu maestro o maestra, haz una lista de virtudes para el grupo. **Di cómo puedes practicar estas buenas virtudes en el hogar y en la escuela.**

Growing in Love

The Sacrament of Penance and Reconciliation does not end when you leave the reconciliation room or the church. You do the penance the priest has given you. You do what you can to make up for any wrong you have done. God's gift of grace stays with you. The Holy Spirit helps you grow in love.

Do you practice a sport or a musical instrument? Celebrating the Sacrament of Penance and Reconciliation is like practicing for a life of goodness. You learn good habits, like patience and kindness. These good habits are called **virtues.** Like the woman who showed signs of love to Jesus, you share God's love and mercy with everyone you meet.

Activity

With your teacher's help, create a group list of virtues. **Tell how you can practice these good habits at home and in school.**

Somos discípulos

Actividad El árbol de la reconciliación

En las manzanas, escribe o dibuja las buenas cosas que se dan cuando se celebra el Sacramento de la Penitencia y la Reconciliación.

Prácticas católicas

A los católicos se les exige que sean absueltos de los pecados mortales antes de recibir la Sagrada Comunión.

Actividad Haz un marcador de libro

A un lado de una tarjeta, escribe "Me perdonan". Al otro lado de la tarjeta, escribe "Yo perdono". Decora la tarjeta. Úsala como marcador de libro para racordarte que ser perdonado y perdonar a otros están directamente conectados tanto como los dos lados de la tarjeta.

We Are Disciples

The Reconciliation Tree

On the apples, write or draw good things that come from celebrating the Sacrament of Penance and Reconciliation.

Activity **Make a Bookmark**

On one side of a card write, "I Am Forgiven." On the other side of the card write, "I Forgive." Decorate the card. Use it as a bookmark to remind yourself that being forgiven and forgiving others are as closely connected as the two sides of the card.

Catholic Practices

Catholics must be absolved from mortal sin before receiving Holy Communion.

Un nuevo corazón

Líder   Dios misericordioso,
toca nuestros corazones
y conviértenos a ti.

Líder   Ahí en donde el pecado nos ha dividido
y separado...

Todos   Que tu amor nos una de nuevo.

Líder   Donde el pecado ha causado
debilidad...

Todos   Que tu poder brinde curación y fuerza.

Líder   Donde el pecado ha introducido
la muerte...

Todos   Que tu Espíritu nos dé nueva vida..

Líder   Danos un nuevo corazón para amarte, a
fin de que nuestras vidas puedan enseñar
a los demás acerca de Jesús, tu Hijo.

Todos   Amén.

ADAPTADO DEL *RITO DE PENITENCIA* 99

El hogar y la familia

Nota para la familia

Querida familia:

He aprendido que el Sacramento de la Penitencia y la Reconciliación trata de la conversión: alejarse del pecado y regresar al amor de Dios. La celebración del Sacramento de la Penitencia y la Reconciliación ayuda a las personas a crecer en el amor, a perdonar más a los demás y a practicar las virtudes o los buenos hábitos. La gracia de Dios da fuerza a las personas a hacer mejores elecciones y a amar más.

En familia

Conversen sobre las ocasiones en que al ser uno perdonado quiere uno perdonar y amar más a los demás.

Hazlo tú mismo

Piensa en tres personas que podrían recibir tu perdón o un signo de amor de ti. Planea qué hacer para que estas personas sepan que tú las perdonas o compartes un signo de amor con ellas.

RCLBsacraments.com

Con tu familia

Haz una lista de virtudes o hábitos bondadosos que tu familia necesita practicar. (Por ejemplo: incluye paciencia, amabilidad, perdón y generosidad.) Prepara imanes para el refrigerador con los nombres de las virtudes en ellos para usarlos como recordatorios.

Home and Family

Family Note

Dear Family,

I have learned that the Sacrament of Penance and Reconciliation is about conversion—turning away from sin and toward God's love. Celebrating the Sacrament of Penance and Reconciliation helps people grow in love, be more forgiving of others, and practice virtues, or good habits. God's grace strengthens people to make better choices and be more loving.

Family Chat

Talk about times when being forgiven made you want to be forgiving.

On Your Own

Think of three people who could use your forgiveness or a sign of love from you. Plan how you can let these people know that you forgive them, or share a sign of love with them.

With Your Family

Make a list of virtues, or habits of goodness, that your family needs to practice. (Examples include patience, kindness, forgiveness and generosity.) Make refrigerator magnets with the names of virtues on them to use as reminders.

RCLBsacraments.com

A New Heart

Leader Merciful God,
touch our hearts
and convert us to yourself.

Leader Where sin has divided and
scattered us,

All May your love make us one again.

Leader Where sin has brought weakness,

All May your power bring healing
and strength.

Leader Where sin has brought death,

All May your Spirit raise us to new life.

Leader Give us a new heart to love you, so that
our lives might teach everyone about
Jesus, your Son.

All Amen.

ADAPTED FROM *RITE OF PENANCE* 99

Vivir la Reconciliación

Viendo Jesús la fe de ellos, dijo: "Amigo, tus pecados te son perdonados". LUCAS 5:20

El perdón

¡El perdón es un don especial! Tú has recibido este don sagrado y especial en el Sacramento de la Penitencia y la Reconciliación. Por el poder del Espíritu Santo tú recibiste la gracia, el amor y el perdón de Dios.

En esta sesión volverás a recordar tu celebración del Sacramento de la Penitencia y la Reconciliación. Hablaremos acerca de lo que pasó, cómo te sentiste y qué significa.

Recuerda algunas de las cosas que hiciste para prepararte para el Sacramento de la Penitencia y la Reconciliación.

- Mi parte favorita en la preparación para el Sacramento de la Penitencia y la Reconciliación fue…

- Escuché muchos relatos bíblicos bíblicas acerca de cómo Jesús perdonaba a la gente. Uno que recuerdo es…

Living Reconciliation

When he saw their faith, he said, "As for you, your sins are forgiven."

LUKE 5:20

Forgiveness

Forgiveness is a wonderful gift! You have received this special and holy gift in the Sacrament of Penance and Reconciliation. By the power of the Holy Spirit, you received God's grace, love, and forgiveness.

In this session, you will look back on your celebration of the Sacrament of Penance and Reconciliation. We will talk about what happened, how you felt, and what it means. Remember some of the things you did to prepare for the Sacrament of Penance and Reconciliation.

■ My favorite part of preparing for the Sacrament of Penance and Reconciliation was...

■ I heard many Bible stories about how Jesus forgave people. One that I remember is...

Palabra de Dios

De igual manera,
yo se los digo, hay
alegría entre los
ángeles de Dios por un
solo pecador que se
convierte.

Lucas 15:10

Recordamos

Cuando tú recibes un Sacramento, te conviertes en parte de un misterio santo. Un misterio es algo tan lleno de significado que no alcanzamos a comprenderlo completamente. Un Sacramento es un misterio. La Santísima Trinidad es un misterio.

Ahora que has recibido el Sacramento de la Penitencia y la Reconciliación, has experimentado el poder del amor misericordioso de Dios.

Piensa en las diferentes partes de la celebración. Al recordar cada parte, di por qué cada una es importante. Así tendrás una comprensión más profunda del Sacramento.

El Sacramento de la Penitencia y la Reconciliación es una celebración de la comunidad. Tú, tu familia, la Iglesia y "los ángeles de Dios", todos celebran porque tú has sido perdo nado. Retrocede mentalmente al día en que celebraste tu Primera Penitencia y la Reconciliación.

We Remember

When you receive a Sacrament, you are part of a holy mystery. A mystery is something so full of meaning we cannot completely understand it. A Sacrament is a mystery. The Holy Trinity is a mystery.

Now that you have received the Sacrament of Penance and Reconciliation, you have experienced the power of God's forgiving love.

Think again about the different parts of the celebration. As you recall each part, tell why each is important. This will give you a deeper understanding of the Sacrament.

The Sacrament of Penance and Reconciliation is a community celebration. You, your family, the Church, and the angels of God all celebrate because you have been forgiven. Go back in your mind and heart to the day of the celebration of First Penance and Reconciliation.

Word of God

In just the same way, I tell you, there will be rejoicing among the angels of God over one sinner who repents.

Luke 15:10

121

Reunión

¿Cómo fue cuando llegaste a la iglesia para celebrar el Sacramento? ¿Quiénes estaban contigo? ¿Qué hiciste? ¿Cómo te sentiste?

Escribe o dibuja lo que recuerdas.

Palabra de Dios

Escuchas una historia de la Biblia que te invita a arrepentirte y cambiar tu corazón.

Imagina cuando estabas sentado escuchando la proclamación de la Palabra de Dios. ¿Qué recuerdas?

Gathering

What was it like when you arrived at church to celebrate the Sacrament? Who was with you? What did you do? How were you feeling?

Write or draw what you remember.

Word of God

You hear a story from the Bible that calls you to repent and change your heart.

Picture yourself as you sat and listened to God's Word being proclaimed. What do you remember?

Examen de conciencia

Antes de celebrar el Sacramento, piensas en las acciones y actitudes que necesitas cambiar. Te arrepientes de las malas elecciones.

¿Qué será los más difícil cambiar para ti?

Confesión de los pecados

Decir tus pecados te ayuda a admitir que te has equivocado y que quieres cambiar.

¿Qué sentiste cuando estabas sentado y hablabas con el sacerdote?

Contrición

Dices que te arrepientes de tus pecados. Admitir tu pecado y demostrar que estás realmente arrepentido te ayuda en el camino a la **conversión**.

¿Qué cosas quieres cambiar en tu vida?

Examination of Conscience

Before celebrating the Sacrament, you think about your actions and attitudes that need to change. You feel sorry for wrong choices.

What will be the hardest thing for you to change?

Confession of Sins

Naming your sins helps you to admit you are wrong and want to change.

What do you remember feeling as you were sitting and talking to the priest?

Contrition

You say you are sorry for your sins. Admitting your sin and showing you are truly sorry helps you on the path to **conversion.**

What are some things you want to change in your life?

Penitencia

El Sacerdote te pide que realices una buena obra o que reces una oración. La aceptación de tu penitencia es una manera de demostrar que estás verdaderamente arrepentido y que quieres vivir de una manera nueva.

¿Qué puedes hacer para ser una mejor persona?

Absolución

Cuando el sacerdote levantó sus manos y lo escuchaste decir: "Yo te absuelvo de tus pecados en el nombre del Padre y del Hijo y del Espíritu Santo", ¿cómo te sentiste?

Cuando regresaste a tu lugar, ¿qué pensaste?

Bendición y despedida

El sacerdote te envía en paz con un corazón renovado para vivir de una manera nueva.

Al final de la celebración, ¿cómo te sentiste? ¿Qué hicieron tu familia y tú después de salir de la iglesia?

Penance

The priest gives you a good deed to do or a prayer to pray. Accepting your penance is a way of showing you are sorry and that you want to live in a new way.

What things can you continue to do to become a better person?

Absolution

When the priest raised his hand and you heard the words, "I absolve you from your sins in the name of the Father, and of the Son, and of the Holy Spirit," how did you feel?

When you went back to your place, what do you remember thinking?

Blessing and Dismissal

You are sent forth in peace with a new heart to live in a new way.

At the very end of the celebration, what were you feeling? What did you and your family do after you left the church?

Un nuevo comienzo

¡El Sacramento de la Penitencia y la Reconciliación es un nuevo comienzo! Con tus pecados perdonados y el corazón renovado, tú vas a vivir como Jesús te pide vivir. El Sacramento es parte de tu conversión, el cambio de corazón. El Sacramento te acerca más a Jesús.

¿Cómo el Sacramento de la Penitencia y la Reconciliación ha cambiado tu corazón? ¿Cómo eres diferente?

¿Cómo vivirás diferentemente ahora que has recibido el Sacramento de la Penitencia y la Reconciliación?

A New Beginning

The Sacrament of Penance and Reconciliation is a new beginning! With your sins forgiven and your heart made new, you go forth to live as Jesus calls you to live. The Sacrament is part of your conversion, your change of heart. The Sacrament brings you closer to Jesus.

How has the Sacrament of Penance and Reconciliation changed your heart? How are you different?

How will you live differently now that you have received the Sacrament of Penance and Reconciliation?

Realizar la obra de Jesús

Todo eso es obra de Dios, que nos reconcilió con él en Cristo y que a nosotros nos encomienda el mensaje de la reconciliación. Nos presentamos, pues, como embajadores de Cristo.
2ª. Corintios 5:18,20a

Líder

Después de recibir el Sacramento de la Penitencia y la Reconciliación, Jesús nos pide que vayamos y ayudemos a los demás a que se reconcilien. Debemos mostrar a los demás qué significa ser buenos discípulos que perdonan a los demás. Debemos ayudar a los demás a pedir perdón. Cuando salimos y hacemos lo que Jesús ordena, somos embajadores de Cristo. Un embajador es aquél que es enviado para representar a otra persona o grupo.

Siéntate en silencio e imagina ser un embajador o una embajadora de Cristo mientras leo la historia de la Biblia.

(*Lectura de 2ª. Corintios 5:17-21*)

Reflexión

¿Cómo la celebración del Sacramento de la Penitencia y la Reconciliación te ayuda a ser un embajador o una embajadora de Jesucristo? ¿Qué puedes hacer? Da un ejemplo.

Líder

Oremos juntos:

Todos

Querido Dios: Te doy gracias por el don de la reconciliación. Ayúdame a seguir a tu Hijo Jesús más de cerca. Haz de mí un embajador de tu don de la misericordia. Te lo pido por Jesucristo nuestro Señor. Amén.

El hogar y la familia

Nota para la familia

Querida familia:

He aprendido que el Sacramento de la Penitencia y la Reconciliación es un gran don. Es un don de la gracia y el perdón. Soy un embajador/una embajadora de la reconciliación. Llevaré el perdón y la misericordia a los demás.

En familia

¿Cómo nuestra familia puede ser mensajeros de la Reconciliación?

Hazlo tú mismo

Piensa en la penitencia que te dio el sacerdote durante la celebración del Sacramento. ¿La has cumplido? ¿Hay algo más que podrías hacer? ¡Sé un embajador/ una embajadora de la reconciliación!

RCLBsacraments.com

Con tu familia

Conversen de las ocasiones cuando varios miembros de la familia han celebrado el Sacramento de la Penitencia y la Reconciliación. ¿Qué significado tuvo? Pide a los adultos que relaten cómo se celebraba el Sacramento cuando ellos eran niños. Recuerden de conversar acerca de los servicios penitenciales de Adviento o la Cuaresma que hayan celebrado o ¡los que celebrarán en el futuro!

Home and Family

Family Note

Dear Family,

I have learned that the Sacrament of Penance and Reconciliation is a great gift. It is a gift of grace and forgiveness. I am an ambassador of reconciliation. I'll bring forgiveness and mercy to others.

Family Chat

How can our family be ambassadors of reconciliation?

On Your Own

Think about the penance the priest gave you during the celebration of the Sacrament. Have you done it? Is there more you could do? Go be an ambassador of reconciliation!

With Your Family

Talk about times when various family members have celebrated the Sacrament of Penance and Reconciliation. What meaning did it have? Have adults tell what it was like when they were young. Remember to discuss penitential services you have celebrated or will celebrate in the future!

 RCLBsacraments.com

Doing the Work of Jesus

And all this is from God, who has reconciled us to himself through Christ and given us the ministry of reconciliation, . . . so we are ambassadors for Christ.   2 CORINTHIANS 5:18,20A

Leader   After receiving the Sacrament of Penance and Reconciliation, Jesus asks us to go forth and help others be reconciled. We are to show others what it means to be good disciples who forgive others. We are to help others ask for forgiveness. When we go forth and do what Jesus commands, we are being ambassadors of Christ. An ambassador is one who goes forth to represent another person or group.

Sit silently and imagine being an ambassador for Christ as I read the story from the Bible.

(READ 2 CORINTHIANS 5:17–21)

Reflection   How does celebrating the Sacrament of Penance and Reconciliation help you to be an ambassador for Jesus Christ? What will you do? Give an example.

Leader   Together let us pray:

All   Dear God, thank you for the gift of reconciliation. Help me to follow your Son, Jesus, more closely. May I be an ambassador of your gift of mercy. I ask this through Christ, our Lord. Amen.

un Pequeño Catecismo

Creemos

Celebramos

Vivimos

Oramos

a Little Catechism

Then he took the bread, said the blessing, broke it, and gave it to them, saying, "This is my body, which will be given for you; do this in memory of me."

LUKE 22:19

We Believe

We Celebrate

We Live

We Pray

Creemos

Es importante usar las palabras correctas para hablar de tu fe. Cuando usas las palabras correctas, puedes compartir tu fe con los demás. He aquí una lista de algunas de las cosas que has aprendido. A medida que crezcas, aprenderás más y más sobre estas creencias.

1. **La Sagrada Trinidad** es el misterio de un solo Dios en Tres Personas Divinas: Dios Padre, Dios Hijo y Dios Espíritu Santo. Hay un solo Dios pero Dios es Tres Personas. Puedes decir: "Creo en Dios: Padre, Hijo y Espíritu Santo."

2. **Jesús es el Hijo de Dios,** el único Hijo del Padre. Dios amó tanto a su pueblo que envió a su Hijo, Jesús, para morir por nuestros pecados. Jesús se convirtió en hombre y vino al mundo para mostrarnos el amor del Padre y para salvar a toda la gente.

3. **El nombre Jesús** significa "Dios salva." Jesús nos salva con su Pasión, Muerte, Resurrección y Ascensión. Esto se llama Misterio Pascual.

4. **El Misterio Pascual,** la Pasión, Muerte, Resurrección y Ascensión de Jesús, se hace presente en la celebración de la Eucaristía. Sus efectos salvadores se encuentran en todos los Sacramentos de la Iglesia.

5. **Jesús vendrá de nuevo** al final de los tiempos para juzgar a los vivos y a los muertos.

6. **Dios nos hizo porque** nos ama y es sólo con Dios que encontraremos la verdadera felicidad.

7. **El don del Espíritu Santo** fue dado a la Iglesia. El Espíritu Santo con el Padre y el Hijo guía a la Iglesia.

8. **Los Apóstoles** enseñaron a la gente todo lo que Jesús les había enseñado. La Iglesia continúa la obra de Jesús hoy en día con la ayuda del Espíritu Santo.

9. **La Iglesia** es el Pueblo de Dios, el Cuerpo de Cristo. Aquéllos que se nutren con el Cuerpo de Cristo se convierten en el Cuerpo de Cristo. La Iglesia comparte la Buena Nueva de Jesucristo con los demás.

It is important to have the right words to talk about your faith. When you use the right words, you can share your faith with others. Here is a list of some of the things you have learned. As you grow older, you will learn more and more about these beliefs.

1. **The Blessed Trinity** is Three Persons in One God: God the Father, God the Son, and God the Holy Spirit. There is only One God, but God is Three Persons. You can say, "I believe in God—Father, Son, and Holy Spirit."

2. **Jesus is the Son of God,** the only Son of the Father. God loved his people so much that he sent his Son, Jesus, to die for our sins. Jesus became man and came to Earth to show us the Father's love and to save all people.

3. **The name Jesus** means "God saves." Jesus saved us by his Passion, Death, Resurrection, and Ascension. This is called the Paschal Mystery.

4. **The Paschal Mystery,** Jesus' Passion, Death, Resurrection, and Ascension, is made present in the celebration of the Eucharist. Its saving effects are carried on through the Sacraments of the Church.

5. **Jesus will come again** at the end of time to judge those living and those who have died.

6. **God made us** to love him, and it is only with God that we will find true happiness.

7. **The gift of the Holy Spirit** was given to the Church. The Holy Spirit works with the Father and the Son to guide the Church.

8. **The Apostles** taught the people all that Jesus had taught them. The Church carries on the work of Jesus today with the help of the Holy Spirit.

9. **The Church** is the People of God, the Body of Christ. Those nourished by the Body of Christ become the Body of Christ. The Church shares the Good News of Jesus Christ with others.

10. **La Iglesia enseña** la Ley de Dios. Los católicos siguen las enseñanzas de la Iglesia, especialmente las enseñanzas del Papa y las de los obispos junto con el Papa.

11. **El Espíritu Santo** guía a la Iglesia y ayuda a profundizar la verdad a los seguidores de Jesús. La Iglesia es el Templo del Espíritu Santo.

12. **Aquéllos que siguen a Jesús** saben que son llamados a servirse unos a otros con amor y a compartir el mensaje de Jesús con los demás.

13. **Jesús da muchos dones** y el mejor don es compartir en la propia vida de Dios, la cual es llamada gracia.

14. **El Jesús Resucitado** está con el Pueblo de Dios en la Eucaristía y en los otros Sacramentos.

15. **Dios nos creó.** Nuestras vidas son buenas. Todo don que poseemos proviene de Dios. Somos libres y podemos hacer elecciones.

16. **Por medio del Bautismo** llegamos a ser hijos e hijas adoptivos de Dios a través de Jesucristo.

17. **Dios** ha dado a cada persona el don del libre albedrío. Esta libertad hace responsable a las personas de las elecciones que hacen.

18. **Respondemos** al amor de Dios siguiendo sus Mandamientos y tratando con todo el corazón de ser fiel, de respetar toda vida y de hacer lo que es correcto.

19. **María es la Madre de Dios** y también nuestra Madre. Nos acercamos a María en oración, ella nos ayudará.

20. **La oración** es elevar nuestra mente y corazón hacia Dios. En la oración nosotros alabamos a Dios, le pedimos a Dios que nos ayude, y damos gracias a Dios por sus dones. También oramos por otras personas. La oración es la mejor manera de permanecer en el camino correcto.

10. **The Church teaches** the Law of God. Catholics follow the teachings of the Church, especially the teachings of the Pope, and the bishops together with the Pope.

11. **The Holy Spirit** guides the Church and helps keep the followers of Jesus faithful to the truth. The Church is the Temple of the Holy Spirit.

12. **Those who follow Jesus** know that they are called to serve one another in love and to share the message of Jesus with others.

13. **Jesus gives many gifts** and the best gift is a share in God's own life, which is called grace.

14. **The Risen Jesus** is with the People of God in the Eucharist and in the other Sacraments.

15. **God created us.** Our lives are good. Every gift we have comes from God. We are free and can make choices.

16. **In Baptism** we become adopted children of God through his Son, Jesus Christ.

17. **God** has given every person the gift of free will. This freedom makes people responsible for the choices they make.

18. **We respond** to God's love by keeping his Commandments and by trying with all our hearts to be faithful, to respect all life, and to do what is right.

19. **Mary is the Mother of God** and our Mother, too. We turn to Mary in prayer. She will help us.

20. **Prayer** is lifting one's mind and heart to God. In prayer we praise God, ask God to help us, and give thanks to God for his gifts. We also pray for other people. Prayer is the best way to stay on the right path.

Preguntas importantes

Las preguntas y respuestas de abajo te ayudarán a recordar lo que aprendes a medida que te preparas para celebrar los Sacramentos de la Penitencia y la Reconciliación y Eucaristía. Intenta aprender las respuestas de memoria.

1. ¿Por qué los Evangelios son tan importantes?

Los cuatro Evangelios son importantes porque nos relatan acerca de la vida y las enseñanzas de Jesucristo.

2. ¿Qué es una conciencia?

Una conciencia es la habilidad de saber lo que es correcto y hacer lo que es correcto. Las Leyes de Dios y las enseñanzas de la Iglesia ayudan a formar una conciencia correcta.

3. ¿Cómo el pecado afecta la relación de una persona con Dios?

El pecado es una ofensa contra Dios y sus Leyes. El pecado es la elección de alejarse de Dios. El pecado mortal rompe la relación de una persona con Dios.

4. ¿Qué Sacramento ayuda a la gente a sanar su relación con Dios?

El Sacramento de la Penitencia y la Reconciliación, o Penitencia, celebra el perdón amoroso de Dios.

5. ¿Por qué la Eucaristía es el centro de la vida católica?

La noche antes de morir, Jesús nos dio la Eucaristía al compartir su Cuerpo y Sangre con sus amigos bajo las apariencias del pan y el vino. Jesús continúa estando presente hoy en la Misa, en la gente que se reúne, en la Palabra de Dios, en la persona del sacerdote y especialmente en el pan y vino consagrados que se han convertido en el Cuerpo y la Sangre de Cristo.

6. ¿Qué misión recibes tú al final de la Misa?

Soy enviado a amar y servir al Señor.

Important Questions

The questions and answers below will help you remember what you learn as you prepare for the Sacraments of Penance and Reconciliation and Eucharist. Try to learn the answers by heart.

1. Why are the Gospels so important?

The four Gospels are important because they tell about Jesus Christ— his life and his teachings.

2. What is a conscience?

A conscience is the ability to know what is right and to do what is right. God's Law and the teaching of the Church help to form a correct conscience.

3. How does sin affect a person's relationship with God?

Sin is an offense against God and his Law. Sin is choosing to turn away from God. Mortal sin breaks a person's relationship with God.

4. Which Sacrament helps people heal their relationship with God?

The Sacrament of Penance and Reconciliation celebrates God's loving forgiveness.

5. Why is the Eucharist the heart of Catholic life?

The night before he died Jesus gave us the Eucharist by sharing himself, Body and Blood, under the appearance of bread and wine. Jesus continues to be present today in the Mass: in the people gathered; in the Word of God; in the person of the priest; and especially in the consecrated bread and wine which have become the Body and Blood of Christ.

6. What mission do you receive at the end of Mass?

I am sent to glorify the Lord by my life.

Cosas que recordar

Los dones del Espíritu Santo

- Sabiduría
- Entendimiento
- Ciencia
- Consejo
- Piedad
- Fortaleza
- Temor de Dios

Obras espirituales de misericordia

- Enseñar
- Aconsejar
- Consolar
- Sufrir con paciencia
- Perdonar
- Rezar por los vivos y muertos

Obras corporales de misericordia

- Dar de comer al hambriento
- Dar de beber a los sedientos
- Vestir al desnudo
- Dar techo al que no lo tiene
- Visitar a los enfermos
- Visitar a presos
- Enterrar a los muertos

El Mandamiento Mayor

Amarás al Señor tu Dios con todo tu corazón, con toda tu alma y con toda tu mente. Amarás a tu prójimo como a ti mismo.

Things to Remember

The Gifts of the Holy Spirit

- Wisdom
- Understanding
- Knowledge
- Counsel
- Piety
- Fortitude
- Fear of the Lord

Spiritual Works of Mercy

- Help the sinner.
- Teach the ignorant.
- Counsel the doubtful.
- Bear wrongs patiently.
- Forgive injuries.
- Pray for the living and the dead.

Corporal Works of Mercy

- Feed the hungry.
- Give drink to the thirsty.
- Clothe the naked.
- Shelter the homeless.
- Visit the sick.
- Visit the imprisoned.
- Bury the dead.

The Great Commandment

You shall love the Lord, your God, with all your heart, with all your soul, and with all your mind. You shall love your neighbor as yourself.

Los Sacramentos

Los Siete Sacramentos son signos externos que celebran el amor, la vida o la gracia de Dios. Los Sacramentos comunican y comparten la vida de Dios por el don de la gracia. Por medio de los Sacramentos, das culto y alabanza a Dios, creces en santidad, trabajas para construir el Reino de Dios en la Tierra y fortaleces la unidad del Pueblo de Dios.

La Iniciación Cristiana se realiza mediante el conjunto de tres Sacramentos: el Bautismo que es el comienzo de una nueva vida en Cristo; la Confirmación que es su fortalecimiento; y la Eucaristía que te nutre con el Cuerpo y la Sangre de Cristo para asemejarte más a Jesús. La Penitencia y la Reconciliación y la Unción de los Enfermos son Sacramentos de Curación. El Orden Sagrado y el Matrimonio son Sacramentos al Servicio de la Comunidad.

El Bautismo

Te libera del Pecado Original y de todos los pecados. Recibes la nueva vida de gracia, por medio de la cual te conviertes en hija o hijo adoptivo de Dios, unido con Cristo en el Espíritu Santo, y te conviertes en miembro de la Iglesia. El Bautismo imprime en el alma del cristiano un signo espiritual indeleble que te consagra a Cristo. El Bautismo se recibe sólo una vez.

La Confirmación

El don del Espíritu Santo te fortalece para vivir como Jesús lo hizo. Como en el Bautismo, la Confirmación imprime en el alma un signo espiritual como señal de la presencia del Espíritu Santo. El Espíritu Santo te ayudará en palabra y obra para dar testimonio de Cristo.

La Eucaristía

En la Eucaristía, Cristo está verdaderamente presente en el pan y vino consagrados. Para recibir la Comunión debes estar en estado de gracia. Se recomienda que recibas la Comunión todas las veces que vayas a Misa.

Sacraments

The Seven Sacraments are outward signs and celebrations of God's love and life, or grace. The Sacraments communicate and share God's life as the gift of grace. Through the Sacraments you give worship and praise to God, grow in holiness, work to build up God's reign on Earth, and strengthen the unity of God's people.

Christian initiation happens in three Sacraments together: Baptism, which is the beginning of new life in Christ; Confirmation, which is its strengthening; and Eucharist, which nourishes you with Christ's Body and Blood to become more like Jesus. Penance and Reconciliation and the Anointing of the Sick are the Sacraments of Healing. Holy Orders and Matrimony are the Sacraments at the Service of Communion.

Baptism

You are freed from Original Sin and from all sin. You are given the new life of grace by which you become an adopted child of God, one with Christ in the Holy Spirit, and a member of the Church. Baptism imprints a spiritual mark on your soul that claims you for Christ. Baptism can only be received once.

Confirmation

The gift of the Holy Spirit strengthens you to live as Jesus did. As in Baptism, your soul is imprinted with a spiritual mark as a sign of the Holy Spirit's presence. The Holy Spirit will help you by word and action to witness to Christ.

Eucharist

In Eucharist Christ is truly present in the consecrated bread and wine. To receive Holy Communion you must be in the state of grace. You are encouraged to receive Holy Communion every time you go to Mass.

La Penitencia y la Reconciliación

Cuando te arrepientes de tus pecados, Dios te ofrece el perdón y la paz por medio de las palabras y acciones del sacerdote.

La Unción de los Enfermos

Un sacerdote unge a una persona que está enferma o a un anciano y ofrece el alivio de Dios, consuelo y perdón.

El Orden Sagrado

La Iglesia ordena a los diáconos, sacerdotes y obispos para enseñar, dirigir, celebrar, guiar y servir al Pueblo de Dios.

El Matrimonio

Un hombre y una mujer prometen vivir toda su vida como esposo y esposa y se convierten en signo del amor de Dios.

Penance and Reconciliation

When you are sorry for your sins, God offers you pardon and peace through the words and actions of a priest.

Anointing of the Sick

A priest anoints a person who is sick or elderly and offers God's healing comfort and forgiveness.

Holy Orders

The Church ordains deacons, priests, and bishops to teach, to lead, to celebrate, to guide, and to serve the People of God.

Matrimony

A man and a woman promise to live their whole lives as husband and wife, and become a sign of God's love.

La celebración de la Eucaristía

Llegada la hora, Jesús se sentó a la mesa con sus apóstoles y les dijo: "Yo tenía gran deseo de comer esta Pascua con ustedes antes de padecer. Porque les digo que ya no la volveré a comer hasta que sea la nueva y perfecta Pascua en el Reino de Dios".

Después tomó pan y, dando gracias, lo partió y se los dio, diciendo: "Esto es mi cuerpo, que es entregado por ustedes. Hagan esto en memoria mía". Hizo lo mismo con la copa después de la Cena, diciendo: "Esta copa es la alianza nueva sellada con mi sangre, que es derramada por ustedes". Lucas 22:14-16,19-20

En la Misa, los seguidores de Jesús en todo el mundo se reúnen para dar culto, alabar a Dios y para recordar las acciones de Jesús en la Última Cena. Escuchan y aprenden de la lectura de la Palabra viva de Dios.

Los católicos recuerdan y vuelven a vivir el gran amor de Jesús quien dio su vida por todas las personas. Comparten en ese amor al recibir el Cuerpo y la Sangre de Cristo en la Sagrada Comunión. Finalmente, vuelven a sus hogares en paz, sabiendo que están llamados a amar y servir a los demás.

Ritos iniciales

Al comienzo de la Misa, el Pueblo de Dios se reúne con Cristo y unos con otros. Nos preparamos para dar culto a Dios.

Procesión de entrada

Nos ponemos de pie mientras el sacerdote y los otros ministros entran en procesión a la asamblea. Nos unimos a ellos en el canto de entrada.

Saludo

Sacerdote: En el nombre del Padre y del Hijo y del Espíritu Santo.

Asamblea: Amén.

Sacerdote: La gracia de nuestro Señor Jesucristo, el amor del Padre y la comunión del Espíritu Santo esté con todos ustedes.

Asamblea: Y con tu espíritu.

The Celebration of the Eucharist

When the hour came, [Jesus] took his place at table with the apostles. He said to them, "I have eagerly [wanted] to eat this Passover with you before I suffer for, I tell you, I shall not eat it [again] until there is fulfillment in the kingdom of God."

Then [Jesus] took the bread, said the blessing, broke it, and gave it to them, saying, "This is my body, which will be given for you; do this in memory of me." [In the same way, he took] the cup after they had eaten, saying, "This cup is the new covenant in my blood, which will be shed for you."   Luke 22:14-16,19-20

At Mass, followers of Jesus all around the world come to worship and praise God, and to remember the actions of Jesus at the Last Supper. They listen to and learn from the reading of God's living Word.

They remember and relive the great love of Jesus, who gave up his life for all people. They share in that love by receiving the Body and Blood of Christ in Holy Communion. Finally, they go to their homes in peace, knowing that they are called to glorify the Lord by their lives.

Introductory Rites

At the beginning of Mass, the People of God are gathered with Christ and with one another. We prepare to worship God.

Entrance Procession

We stand as the priest and other ministers process into the assembly. We join in singing an entrance song.

Greeting

Priest: In the name of the Father, and of the Son, and of the Holy Spirit.

People: Amen.

Priest: The grace of our Lord Jesus Christ, and the love of God, and the communion of the Holy Spirit be with you all.

People: And with your spirit.

Acto penitencial

Hermanos: antes de celebrar los sagrados misterios reconozcamos nuestros pecados.

Sacerdote: Señor, ten piedad.

Asamblea: Señor, ten piedad.

Sacerdote: Cristo, ten piedad.

Asamblea: Cristo, ten piedad.

Sacerdote: Señor, ten piedad.

Asamblea: Señor, ten piedad.

Gloria

La mayoría de los domingos rezamos el Gloria, un himno de alabanza.

**Gloria a Dios en el cielo,
y en la tierra paz a los hombres
que ama el Señor.**

**Por tú inmensa gloria, te alabamos,
te bendecimos, te adoramos,
te glorificamos, te damos gracias.**

**Señor Dios, Rey celestial, Dios Padre
todopoderoso;**

Señor, Hijo único, Jesucristo;

Señor Dios, Cordero de Dios, Hijo del Padre;

**tú que quitas el pecado del mundo, ten piedad
de nosotros;**

**tú que quitas el pecado del mundo, atiende
nuestra súplica;**

**tú que estás sentado a la derecha del Padre, ten
piedad de nosotros: porque sólo tú eres Santo,
sólo tú Señor,
sólo tú Altísimo, Jesucristo, con el Espíritu
Santo**

en la gloria de Dios Padre. Amén.

Oración

Guardamos silencio por unos momento para elevar el corazón y la mente a Dios. Después el sacerdote dirige la oración.

Sacerdote: Oremos.

Asamblea: Amén.

Penitential Act

We praise God for his mercy.

Priest: Lord, have mercy.
People: Lord, have mercy.

Priest: Christ, have mercy.
People: Christ, have mercy.

Priest: Lord, have mercy.
People: Lord, have mercy.

Gloria

On most Sundays we pray the Gloria,
a hymn of praise.

**Glory to God in the highest,
and on earth peace to people of good will.**

**We praise you, we bless you,
we adore you, we glorify you,
we give thanks for your great glory,
Lord God, heavenly King,
O God, almighty Father.**

**Lord Jesus Christ, Only Begotten Son,
Lord God, Lamb of God, Son of the Father,
you take away the sins of the world,
    have mercy on us;
you take away the sins of the world,
    receive our prayer;
you are seated at the right hand of the Father,
    have mercy on us.**

**For you alone are the Holy One,
you alone are the Lord,
you alone are the Most High,
Jesus Christ,
with the Holy Spirit,
in the glory of God the Father.**

Amen.

Collect

We observe a moment of silence and lift up
our hearts and minds to God. The priest
leads us in prayer.

Priest: Let us pray.
People: Amen.

Liturgia de la Palabra

Escuchamos la Palabra de Dios.

Primera lectura

Esta lectura es tomada del Antiguo Testamento o, durante el tiempo de Pascua, de los Hechos de los Apóstoles. Acabada la lectura, el lector dice:

Lector: Palabra de Dios.

Asamblea: Te alabamos, Señor.

Salmo Responsorial

El cantor nos guía para cantar un salmo.

Segunda lectura

La Segunda Lectura es tomada de las cartas del Nuevo Testamento o los Hechos de los Apóstoles. Para señalar el final de la lectura, el lector dice:

Lector: Palabra de Dios.

Asamblea: Te alabamos, Señor.

Aleluya o aclamación antes del Evangelio

Al cantar el aleluya mostramos reverencia por Jesús, la Palabra de Dios. Nos ponemos de pie para mostrar que creemos que Jesús está con nosotros en el Evangelio. Durante la Cuaresma no cantamos el Aleluya. Cantamos un verso distinto de la Escritura tomado de la lectura del Evangelio.

Evangelio

Sacerdote o diácono:
            El Señor esté con ustedes.

Asamblea: Y con tu espíritu.

Sacerdote o diácono:
            Lectura del Santo Evangelio según (nombre del escritor del Evangelio).

Asamblea: Gloria a ti, Señor.

Acabado el Evangelio, él dice:
            Palabra del Señor.

Asamblea: Gloria a ti, Señor Jesús.

Homilía

El sacerdote o diácono ayuda a la comunidad a entender y a vivir la Escritura que ha sido proclamada.

Profesión de fe

Nos ponemos de pie y profesamos nuestra fe. Rezamos el Credo de Nicea. (Véase página 174.) Cuando rezamos el Credo estamos diciendo que creemos.

Oración de los Fieles

Oramos por las necesidades de la Iglesia, por los líderes, por la Salvación del mundo y por las necesidades de la gente. Después de cada petición se puede responder:

Asamblea: Señor, escucha nuestra oración.

Liturgy of the Word

We listen to the Word of God.

First Reading

This reading is taken from the Old Testament or, during the Easter season, from the Acts of the Apostles. At the end of the reading the lector says:

Lector: The word of the Lord.

People: Thanks be to God.

Responsorial Psalm

The cantor leads us in singing a psalm.

Second Reading

The Second Reading is taken from the letters in the New Testament or from the Acts of the Apostles. At the end of the reading the lector says:

Lector: The word of the Lord.

People: Thanks be to God.

Alleluia or Gospel Acclamation

As we sing the Alleluia we show reverence for Jesus, the Word of God. We stand to show that we believe Jesus is with us in the Gospel. During Lent we do not sing the Alleluia. We sing a different acclamation.

Gospel

Priest or deacon:
     The Lord be with you.

People: And with your spirit.

Priest or deacon:
     A reading from the holy Gospel according to (name of the Gospel writer).

People: Glory to you, O Lord.

Priest or deacon (at the end of the Gospel):
     The Gospel of the Lord.

People: Praise to you, Lord Jesus Christ.

Homily

The priest or deacon helps the community to understand and live the Scripture that has been proclaimed.

Profession of Faith

We stand and profess our faith. We usually pray the Nicene Creed (see page 175). When we pray the creed we are saying what we believe.

Prayer of the Faithful

We pray for the needs of the Church, for public leaders, for the Salvation of the world, and for the needs of people. After each petition we might respond:

People: Lord, hear our prayer.

Liturgia Eucarística

Damos gracias y alabanza.

Preparación del altar y las ofrendas

Nos sentamos mientras llevan las ofrendas del pan y vino y se prepara el altar.

El sacerdote eleva el pan y dice:

Sacerdote: Bendito seas, Señor, Dios del universo, por este pan, fruto de la tierra y del trabajo del hombre que recibimos de tu generosidad y ahora te presentamos: él será para nosotros pan de vida.

Asamblea: Bendito seas por siempre, Señor.

El sacerdote eleva el cáliz con el vino y dice:

Sacerdote: Bendito seas, Señor Dios del universo, por este vino, fruto de la vid y del trabajo del hombre, que recibimos de tu generosidad y ahora te presentamos: él será para nosotros bebida de salvación.

Asamblea: Bendito seas por siempre, Señor.

Sacerdote: Orad, hermanos y hermanas, para que este sacrificio, mío y de ustedes sea agradable a Dios, Padre todopoderoso.

Nos ponemos de pie para rezar la sigiente oración:

Asamblea: El Señor reciba de tus manos este sacrificio para alabanza y gloria de su nombre, para nuestro bien y el de toda su santa Iglesia.

Oración sobre las ofrendas

El sacerdote dice la oración sobre las ofrendas.

Asamblea: Amén.

Plegaria Eucarística

El sacerdote nos invita a dar gracias y alabar a Dios.

Sacerdote: El señor esté con ustedes.

Asamblea: Y con tu espíritu.

Sacerdote: Levantemos el corazón.

Asamblea: Lo tenemos levantado hacia el Señor.

Sacerdote: Demos gracias al Señor, nuestro Dios.

Asamblea: Es justo y necesario.

Después de que el sacerdote dice el prefacio, una oración que da una razón especial para alabar a Dios, nos unimos para recitar o cantar la aclamación.

Todos: Santo, Santo, Santo es el Señor, Dios del universo, llenos están el cielo y la tierra de tu gloria. Hosanna en el cielo. Bendito el que viene en nombre del Señor. Hosanna en el cielo.

Liturgy of the Eucharist

We give thanks and praise.

Preparation of the Altar and Gifts

We sit as the gifts of bread and wine are brought up and the altar is prepared.

The priest lifts up the bread and says:

Priest: Blessed are you,
Lord God of all creation,
for through your goodness
we have received
the bread we offer you:
fruit of the earth and
work of human hands,
it will become for us the bread of life.

People: Blessed be God for ever.

The priest lifts up the chalice of wine and prays:

Priest: Blessed are you,
Lord God of all creation.
for through your goodness
we have received
the wine we offer you:
fruit of the vine and
work of human hands,
it will become our spiritual drink.

People: Blessed be God for ever.

Priest: Pray, brethren (brothers and sisters),
that my sacrifice and yours
may be acceptable to God,
the almighty Father.

We stand to say the following prayer.

**People: May the Lord accept the sacrifice
at your hands
for the praise and glory of his name,
for our good
and the good of all his holy Church.**

Prayer over the Offerings

The priest says the Prayer over the Offerings.

People: Amen.

Eucharistic Prayer

The priest invites us to give thanks and praise.

Priest: The Lord be with you.

People: And with your spirit.

Priest: Lift up your hearts.

People: We lift them up to the Lord.

Priest: Let us give thanks to the Lord our God.

People: It is right and just.

After the priest says the Preface, a prayer that gives a special reason for praising God, we join in saying or singing the acclamation.

**All: Holy, Holy, Holy Lord God
of hosts.
Heaven and earth are full
of your glory.
Hosanna in the highest.
Blessed is he who comes
in the name of the Lord.
Hosanna in the highest.**

Al "Santo, Santo, Santo" le sigue una oración pidiendo que el poder del Espíritu Santo santifique las ofrendas, para que se conviertan en el Cuerpo y la Sangre de Cristo y para que aquéllos que reciban estas ofrendas se transformen en un Cuerpo en un Espíritu en Crísto.

En la consagración, el pan y el vino se convierten en el Cuerpo y la Sangre de Cristo por el poder del Espíritu Santo y las palabras del sacerdote. Jesús está verdaderamente presente en el pan y el vino que recibimos en la comunión.

Después de la consagración, oramos o cantamos la aclamación de después de la consagración.

Sacerdote: Este es el sacramento de nuestra fe.

Asamblea: Anunciamos tu muerte, proclamamos tu resurrección. ¡Ven, Señor Jesús!

El sacerdote ora por la Iglesia y por los vivos y los difuntos y para que algún día todos nos reunamos en el cielo. La doxología concluye la Plegaria Eucarística.

Sacerdote: Por Cristo, con él y en él, a ti, Dios Padre omnipotente, en la unidad del Espíritu Santo, todo honor y toda Gloria, por los siglos de los siglos.

Asamblea: Amén.

La Plegaria Eucarística termina con un "Amén" de todo corazón, un "así sea" o un "sí" a todo lo que hacemos nuestro de la Plegaria Eucarística.

Rito de comunión

La Oración del Señor

Mientras que nos preparamos a recibir el Cuerpo y la Sangre del Señor, se nos invita a decir el Padre Nuestro. (Véase página 172.)

El signo de la paz

Oramos por la paz y la unidad de la Iglesia y de todo el mundo.

Sacerdote o diácono:
        La paz del Señor esté siempre con ustedes.

Asamblea: Y con tu espíritu.

Sacerdote o diácono:
        Démonos fraternalmente la paz.

La fracción del pan

En la Última Cena, Jesús partió el pan y se lo dio a sus discípulos. El sacerdote parte la hostia consagrada para que sea compartida. Mientras él parte el pan, nosotros decimos o cantamos:

**Cordero de Dios, que quitas el pecado del mundo,
ten piedad de nosotros.**

**Cordero de Dios, que quitas el pecado del mundo,
ten piedad de nosotros.**

**Cordero de Dios que quitas el pecado del mundo,
danos la paz.**

The "Holy, Holy, Holy" is followed by a prayer asking that the power of the Holy Spirit might come upon the gifts and make them holy, that is, become the Body and Blood of Christ, and that those who receive these gifts might be gathered into one by the Holy Spirit.

At the consecration the bread and wine become the Body and Blood of the Lord through the power of the Holy Spirit and the words of the priest. Jesus is truly present in the bread and wine that we receive at Communion.

After the consecration, we pray or sing the Memorial Acclamation.

Priest: The mystery of faith.

People: We proclaim your Death, O Lord, and profess your Resurrection until you come again.

The priest prays for the Church and for the living and the dead and that one day we will live in Heaven. The doxology concludes the Eucharistic Prayer.

Priest: Through him, and with him, and in him, O God, almighty Father, in the unity of the Holy Spirit, all glory and honor is yours, for ever and ever.

People: Amen.

The Eucharistic Prayer ends with a great "Amen," a "so be it" or a "yes" to all of the Eucharistic Prayers that we make our own.

Communion Rite

The Lord's Prayer

As we prepare ourselves to receive the Body and Blood of the Lord, we are invited to say the Lord's Prayer (see page 173).

Sign of Peace

We pray for peace and unity for the Church and the whole world.

Priest or deacon:
The peace of the Lord be with you always.

People: And with your spirit.

Priest or deacon:
Let us offer each other the sign of peace.

Breaking of the Bread

At the Last Supper, Jesus broke the bread and gave it to his disciples. The priest breaks the consecrated host so it can be shared. While he is breaking the host, we say or sing:

Lamb of God, you take away the sins of the world, have mercy on us.

Lamb of God, you take away the sins of the world, have mercy on us.

Lamb of God, you take away the sins of the world, grant us peace.

Comunión

El sacerdote eleva la hostia consagrado y proclama:

Sacerdote: Éste es el Cordero de Dios que quita el pecado del mundo. Dichosos los llamados a esta cena.

Asamblea: **Señor, no soy digno de que entres en mi casa, pero una palabra tuya bastará para sanarme.**

El sacerdote recibe la Sagrada Comunión. Nosotros nos acercamos al altar para recibir el Cuerpo y la Sangre de Cristo.

Sacerdote: El Cuerpo de Cristo.

Asamblea: **Amén.**

Recibimos la hostia consagrada en nuestra mano o en nuestra lengua.

Sacerdote: La Sangre de Cristo.

Asamblea: **Amén.**

Bebemos un poco del vino consagrado.

Oración después de la comunión

Nos ponemos de pie mientras el sacerdote nos guía en una oración.

Sacerdote: Oremos.

Asamblea: **Amén.**

Rito de conclusión

Sacerdote: El Señor esté con ustedes.

Asamblea: **Y con tu espíritu.**

Bendición

Sacerdote: La bendición de Dios todopoderoso, Padre, Hijo y Espíritu Santo, descienda sobre ustedes.

Asamblea: **Amén.**

Despedida

Terminada la Misa, somos enviados a ayudar a los demás como lo hizo Jesús.

Sacerdote o diácono:
   La Misa ha terminado. Pueden ir en paz para amar y servir al Señor.

Asamblea: **Demos gracias a Dios.**

El sacerdote besa el altar como signo de reverencia. Él y los otros ministros salen en procesión mientras cantamos un canto de despedida.

Communion

The priest raises the consecrated host and proclaims:

Priest: Behold the Lamb of God,
behold him who takes away the sins of the world.
Blessed are those called to the supper of the Lamb.

**People: Lord, I am not worthy
that you should enter under my roof,
but only say the word
and my soul shall be healed.**

The priest receives Holy Communion.
We process up the aisle to receive the Body and Blood of Christ.

Priest, deacon, or Eucharist minister:
The Body of Christ.

People: Amen.

We receive the consecrated host in our hand or on our tongue.

Priest, deacon, or Eucharist minister:
The Blood of Christ.

People: Amen.

We take a sip from the cup.

Prayer after Communion

We stand as the priest leads us in prayer.

Priest: Let us pray.

People: Amen.

Concluding Rites

Priest: The Lord be with you.
People: And with your spirit.

Blessing

Priest: May almighty God bless you, the Father, and the Son, and the Holy Spirit.

People: Amen.

Dismissal

At the conclusion of Mass we are sent out to help others as Jesus did.

Priest or deacon:
Go and announce the Gospel of the Lord.

People: Thanks be to God.

The priest kisses the altar as a sign of reverence. He and the other ministers process out of the church while we sing a concluding hymn.

La Eucaristía

- La Eucaristía es el centro de la vida de la Iglesia.

- El pan y el vino consagrados son verdaderamente el Cuerpo y la Sangre de Cristo.

- Jesús nos dio la Eucaristía en la Última Cena.

- Para recibir la sagrada Comunión dignamente, debes de estar libre de pecado mortal.

- Se recomienda que los católicos reciban la Eucaristía todas la veces que vayan a Misa. Los católicos tienen la obligación de recibir la Eucaristía por lo menos una vez al año durante el tiempo de la Pascua.

- Los católicos ayunan de todo alimento o bebida (excepto agua o medicina) por un periodo de una hora antes de recibir la Comunión.

Eucharist

- Eucharist is at the heart of the life of the Church.

- The consecrated bread and wine are truly the Body and Blood of Christ.

- Jesus gave us the Eucharist at his Last Supper.

- In order to receive Holy Communion worthily, you must be free from mortal sin.

- Catholics are encouraged to receive Eucharist every time they go to Mass. Catholics are required to receive Eucharist at least once a year during the Easter season.

- Catholics fast from food and drink (except water or medicine) for one hour before receiving Holy Communion.

Cómo recibir la Eucaristía

Hay diferentes maneras de recibir la Sagrada Comunión: con la mano, con la lengua y de la copa.

Si decides recibir la Sagrada Comunión con la mano:

- Inclina un poco la cabeza, extiende las dos manos, palmas hacia arriba, una mano descansando sobre la otra.
- El sacerdote, diácono, o el ministro de la Eucaristía dice: El Cuerpo de Cristo y pone la hostia consagrada en tu mano. Tú respondes: **Amén**.
- Hazte a un lado y usando la mano que está abajo, toma la Hostia con tus dedos, ponla en tu boca y cómela.

Si decides recibir la Sagrada Comunión en tu lengua:

- Junta las manos en oración. Inclina un poco la cabeza.
- El sacerdote, diácono, o ministro de la Eucaristía dice: El Cuerpo de Cristo. Tú respondes: **Amén**.
- Abre tu boca y saca la lengua afuera para recibir la Hostia y cómela.

Tú también podrías recibir la Sangre de Cristo de la copa.

- Después de haber recibido el Cuerpo de Cristo, acércate al sacerdote, diácono, o ministro de la Eucaristía que está ofreciendo la copa.
- El sacerdote, diácono, o ministro de la Eucaristía dirá: La Sangre de Cristo. Tú respondes: **Amén**.
- Toma la copa de vino consagrado con las dos manos, y bebe un poquito. Devuelve la copa al ministro.

Después de recibir la Comunión, regresa a tu lugar y arrodíllate o siéntate en silencio por unos minutos dando gracias a Dios.

How to Receive Eucharist

There are different ways to receive Holy Communion—in your hand, on your tongue, and from the cup.

If you choose to receive Holy Communion in your hand:

■ Bow, hold out both hands, palms up, with one hand resting on top of the other.

■ The priest, deacon, or Eucharistic minister says, "The Body of Christ," and places the consecrated host in your hand. You answer, **"Amen."**

■ Step to one side. Using the hand that is underneath, take the host in your fingers and place it in your mouth. Swallow the consecrated host.

If you choose to receive Holy Communion on your tongue:

■ Fold your hands in prayer. Bow.

■ The priest, deacon, or Eucharistic minister says, "The Body of Christ." You answer **"Amen."**

■ Open your mouth and put your tongue out to receive the host. Swallow the consecrated host.

You may also receive the Blood of Christ from the cup.

■ After you have received the Body of Christ, go to the priest, deacon, or Eucharistic minister who is offering the cup.

■ The priest, deacon, or Eucharistic minister will say, "The Blood of Christ." You answer, **"Amen."**

■ Take the cup of consecrated wine in both hands and take a small sip. Return the cup to the minister.

After receiving Communion, return to your place and kneel or stand. Join in singing the Communion hymn. After everyone has received Communion, and after the Communion hymn is finished, kneel or sit quietly for a few minutes, giving thanks to God.

La Penitencia y la Reconciliación

Hay dos maneras de celebrar el Sacramento de la Penitencia y la Reconciliación: de un solo penitente o de varios penitentes.

Los pasos para la confesión de un solo penitente son lo siguiente:

1. **Saludo**
   - El sacerdote nos saluda y nosotros hacemos la Señal de la Cruz.
   - El sacerdote dice estas palabras o otras similares:

     Dios, que ha iluminado nuestros corazones, te conceda un verdadero conocimiento de tus pecados y de su misericordia. Amén.

2. **Lectura de la Palabra de Dios**

   El sacerdote, si lo juzga oportuno, lee algún texto de la Biblia.

3. **Confesión de los pecados y aceptación de la penitencia**
   - Contamos nuestros pecados al sacerdote. Tenemos la obligación de confesar los pecados mortales. También podemos confesar los pecados veniales.
   - Después de confesar nuestros pecados, el sacerdote nos habla y nos da consejo. Luego nos da la penitencia. Una penitencia es algo que hacemos para mostrar que estamos arrepentidos y que queremos reparar el daño hecho causado por nuestros pecados.

4. **Oración de contrición y absolución**
   - El sacerdote nos pide que recemos el acto de contrición para decir que estamos arrepentidos de nuestros pecados.

   - El sacerdote nos da la absolución extendiendo las manos sobre nuestra cabeza y diciendo:

     Dios, Padre misericordioso,
     que reconcilió consigo al mundo
     por la muerte y la Resurrección de su Hijo
     y derramó el Espíritu Santo
     para la remisión de los pecados,
     te conceda,
     por el ministerio de la Iglesia,
     el perdón y la paz.

     El sacerdote hace la Señal de la Cruz sobre nuestra cabeza mientras dice:

     Y yo te absuelvo de tus pecados en el nombre del Padre y del Hijo y del Espíritu Santo.

   - Hacemos la Señal de la Cruz y decimos: **Amén**.

5. **Acción de gracias y despedida del penitente**
   - Después de la absolución, el sacerdote continúa: Dad gracias al Señor, porque es bueno.
   - Nosotros respondemos: **Porque es eterna su misericordia.**
   - El sacerdote se despide diciendo: El Señor ha perdonado tus pecados. Vete en paz.

Penance and Reconciliation

There are two ways we can celebrate the Sacrament of Penance and Reconciliation—individually or communally.

The following are the steps for individual confession.

1. **Greeting**
   - The priest greets us and we make the Sign of the Cross.
   - The priest may say these or similar words:

     May God, who has enlightened every heart, help you to know your sins and trust in his mercy. Amen.

2. **Reading of the Word of God**

   The priest may read a passage from the Bible.

3. **Confession of Sins and Acceptance of Penance**
   - We tell our sins to the priest. We must confess mortal sins. We may also confess venial sins.
   - After we confess our sins, the priest may talk to us and advise us. Then he gives us our penance. A penance is something we do to show we are sorry and that we want to make up for our sins.

4. **Prayer of the Penitent and Absolution**
   - The priest asks us to pray the Act of Contrition to say we are sorry for our sins.

   - The priest gives absolution by extending his hands over our head and saying:

     God, the Father of mercies,
     through the death and Resurrection of his Son
     has reconciled the world to himself
     and sent the Holy Spirit among us
     for the forgiveness of sins;
     through the ministry of the Church
     may God give you pardon and peace,

     The priest makes the Sign of the Cross over our head as he says:
     and I absolve you from your sins
     in the name of the Father,
     and of the Son,
     and of the Holy Spirit.

   - We make the Sign of the Cross and say, **"Amen."**

5. **Proclamation of Praise of God and Dismissal**
   - After the absolution, the priest continues: Give thanks to the Lord, for he is good.
   - We respond: **His mercy endures for ever.**
   - The priest sends us forth saying: The Lord has freed you from your sins. Go in peace.

Vivimos

La Ley de Dios

A veces puede ser difícil elegir hacer lo correcto. Las normas te ayudan a permanecer por el buen camino. Las buenas normas te ayudan a cuidarte: por dentro y por fuera. Las normas ayudan a todos a hacer elecciones que llevan a una vida más sana y más feliz.

Buenos consejos

Sigue los consejos de abajo para vivir una vida justa y hacer buenas elecciones.

- Conoce tus opciones.

- Descansa tu mente un poco y ora.

- Modérate: no elijas apuradamente.

- Detente y piensa en las consecuencias.

- Espera hasta estar bien seguro.

- Pon tu conciencia en acción.

- Considéralo calmadamente.

- Pregunta lo que haría Jesús.

- Repasa toda la información y pide ayuda a una persona de confianza.

- Luego, haz una buena elección, siguiendo tu conciencia.

Los Diez Mandamientos

Éstas son las diez normas para ser fiel a Dios. Obedecer los Mandamientos provee un camino despejado para ti. Los Diez Mandamientos te ayudan a vivir tu relación de alianza con Dios.

1. Yo soy el Señor, tú Dios. No tengas otros dioses fuera de mí.

2. No tomes el nombre del Señor, tu Dios, en vano.

3. Acuérdate del domingo, día de descanso, para santificarlo (el Día del Señor)

4. Respeta a tu padre y a tu madre.

5. No mates.

6. No cometas adulterio.

7. No robes.

8. No des falso testimonio contra tu prójimo.

9. No codicies la mujer de tu prójimo.

10. No codicies nada de lo que le pertenece a tu prójimo.

Los preceptos de la Iglesia

La Iglesia tiene mandamientos que nos ayudan a vivir el Evangelio. Nos dicen a los católicos cómo demostrar amor a Dios y al prójimo.

1. Oír misa entera los domingos y demás fiestas de precepto y no realizar trabajos que no sean necesarios.

2. Confesar los pecados al menos una vez al año.

3. Recibir el Sacramento de la Eucaristía al menos por Pascua.

4. Abstenerse de comer carne y ayunar en los días establecidos por la Iglesia.

5. Ayudar a la Iglesia en sus necesidades.

The Ten Commandments

These are ten rules for being faithful to God. Following the Commandments provides a clear path for you. The Ten Commandments help you live out your covenant relationship with God.

1. I am the LORD, your God. You shall not have other gods besides me.

2. You shall not take the name of the LORD, your God, in vain.

3. Remember to keep holy the Sabbath day (LORD's Day).

4. Honor your father and your mother.

5. You shall not kill.

6. You shall not commit adultery.

7. You shall not steal.

8. You shall not bear false witness against your neighbor.

9. You shall not covet your neighbor's wife.

10. You shall not covet anything that belongs to your neighbor.

The Precepts of the Church

The Church has rules that help us live the Gospel. They tell Catholics how to show love for God and for others.

1. You shall attend Mass on Sundays and on holy days of obligation. Do no unnecessary work on Sunday.

2. Receive the Sacrament of Penance and Reconciliation once a year.

3. Receive the Eucharist (Holy Communion) at least once during the Easter season.

4. Do penance (fasting and abstinence) on the appointed days.

5. Contribute to the support of the Church.

God's Law

Sometimes it can be hard to choose the right thing to do. Rules can help you to stay on the right track. Good rules can help you take care of yourself—inside and out. Rules help everyone make choices that lead to happier and healthier lives.

Good Advice

Follow the advice below to avoid temptations and make good choices.

F igure out your choices.

R est your brain awhile, and pray.

E ase off—don't decide in a hurry.

S top and think about the consequences.

H old off until you are pretty sure.

S et your conscience into action.

T ake it slow and easy.

A sk what Jesus would do.

R eview all the facts and advice.

T hen make a right choice.

Jesús utilizó las bienaventuranzas para enseñar a la gente lo que verdaderamente es importante en el Reino de Dios. Las bienaventuranzas muestran a las personas cómo deben vivir y que deberían atesorar para ser felices con Dios ahora y siempre.

Felices los que tienen el espíritu de pobre,
    porque de ellos es el Reino de los Cielos.
Felices los que lloran,
    porque recibirán consuelo.
Felices los pacientes,
    porque recibirán la tierra en herencia.
Felices los que tienen hambre y sed de justicia,
    porque serán saciados.
Felices los compasivos,
    porque obtendrán misericordia.
Felices los de corazón limpio,
    porque ellos verán a Dios.
Felices los que trabajan por la paz,
    porque serán reconocidos como hijos
    de Dios.
Felices los que son perseguidos por causa
    del bien,
    porque de ellos es el Reino de Dios.

MATEO 5:3-10

Cosas que se deben saber

1. ¿Qué es el pecado?

El pecado es la elección de hacer algo malo. En el pecado apartamos nuestro corazón del amor de Dios. No sólo daña nuestra relación con Dios sino también la de unos con otros.

Hay dos tipos de pecado: pecado venial y pecado mortal.

- Un pecado venial es un pecado leve. Es cuando una persona no ha sido buena amiga de Dios y de la gente como Dios lo quiere.

- Un pecado mortal es un pecado grave. La persona rompe completamente su relación con Dios. El pecado mortal debe confesarse en el Sacramento de la Penitencia y la Reconciliación.

2. ¿Qué es necesario para que algo sea un pecado mortal?

Es un pecado mortal si el acto es grave, la persona tiene pleno conocimiento de la maldad del acto y la persona elige hacerlo de todas maneras.

3. Hay que pedir perdón.

- Cuando has hecho algo malo, pide a Dios que te perdone.

- Si has cometido un pecado grave, celebra el Sacramento de la Penitencia y la Reconciliación.

The Beatitudes

Jesus used the Beatitudes to teach people what is truly important in God's kingdom. The Beatitudes show people how they should live and what they should treasure in order to be happy with God now and forever.

Blessed are the poor in spirit,
   for theirs is the kingdom of heaven.
Blessed are they who mourn,
   for they will be comforted.
Blessed are the meek,
   for they will inherit the land.
Blessed are they who hunger
      and thirst for righteousness,
   for they will be satisfied.

Blessed are the merciful,
   for they will be shown mercy.
Blessed are the clean of heart,
   for they will see God.
Blessed are the peacemakers,
   for they will be called children of God.
Blessed are they who are persecuted for
      the sake of righteousness,
   for theirs is the kingdom of heaven.

MATTHEW 5:3-10

Things to Know

1. What is sin?

Sin is making a choice to do something wrong. In sin we turn our hearts away from God's love. Sin not only hurts our relationship with God, but with one another.

There are two kinds of sin: venial and mortal.

■ A venial sin is a lesser sin. It is when a person is not being as good a friend to God and to people as God wants.

■ A mortal sin is a serious sin. The person completely breaks off his or her friendship with God. Mortal sin must be confessed in the Sacrament of Penance and Reconciliation.

2. What is necessary for something to be a mortal sin?

Something is a mortal sin if the act is seriously wrong, the person knows it is seriously wrong, and the person chooses to do it anyway.

3. Ask for forgiveness.

■ When you have done something wrong, ask God to forgive you.

■ If you have committed a serious sin, celebrate the Sacrament of Penance and Reconciliation.

Un examen de conciencia

Haces examen de conciencia para poder vivir como hijo de Dios. Reflexionas si estás viviendo como quiere Jesús que vivas. Pides la ayuda del Espíritu Santo para asemejarte más a Jesús. Reflexiona cómo actúas con respecto a:

Dios

¿Hablo con Dios todos los días?

¿Pronuncio el nombre de Dios sólo de manera piadosa?

¿Falté a misa de domingo por mi culpa?

¿Trato de confiar en Dios como Jesús lo hizo?

Conmigo mismo

¿Hago cosas que me ayudarán a madurar como Dios quiere?

¿Cuido de lo que tengo?

¿Cuido de las cosas de la Tierra?

¿Agradezco a Dios por los dones y talentos que Dios me ha dado?

Mi familia, mis amigos y demás personas

¿Hago mis tareas bien o me tienen que reclamar para hacerlas?

¿Trato de hacer lo mejor en la escuela?

¿Obedezco a mis padres y les demuestro respeto?

Cuando alguien me está cuidando y me pide que haga algo bueno, ¿obedezco?

¿Soy generoso? ¿Comparto lo que tengo con los demás, especialmente con los necesitados?

Cuando estoy enojado, ¿hablo sobre el problema? ¿O hago o digo cosas para lastimar a quienquiera que me haya lastimado?

¿Digo "Lo siento" a quien he lastimado y "Te perdono" a quien me ha lastimado?

¿Soy una persona justa? ¿O hice alguna vez trampa en la escuela, en el trabajo o en los juegos?

¿He tomado algo que no me pertenece?

¿Digo toda la verdad? ¿O dejo que la gente crea algo que no sea verdad?

¿Tengo celos de otras personas por lo que tienen?

An Examination of Conscience

You examine your conscience to help you live as a child of God.
You ask yourself if you are living as Jesus wants you to live.
You ask for the help of the Holy Spirit to be more like Jesus.
Ask yourself how you act toward:

God

Do I talk to God every day?

Do I say God's name only in a prayerful way?

Have I missed Mass on Sunday through my own fault?

Am I trying to trust God like Jesus did?

Myself

Do I do things that will help me grow as God wants?

Do I take care of what I have?

Do I care for the things of the earth?

Do I thank God for the gifts and talents God has given me?

My Family, My Friends, and Other People

Do I do my chores well, or do I have to be asked?

Do I try to do my best at school?

Do I obey my parents and show them respect?

When someone who is taking care of me asks me to do something good, do I obey?

Am I generous? Do I share what I have with others, especially those in need?

When I am angry, do I talk about it, or do I say or do things to hurt whoever hurt me?

Do I say I'm sorry to the person I have hurt, and I forgive you to the person who has hurt me?

Do I play fair, or do I ever cheat at school, work, or games?

Have I taken something that doesn't belong to me?

Do I tell the whole truth or do I let people believe something that isn't true?

Am I jealous of what other people have?

Oramos

En el nombre del Padre
y del Hijo y del Espíritu Santo.
Amén.

Padre Nuestro

Padre nuestro, que estás en el cielo,
santificado sea tu Nombre;
venga a nosotros tu Reino;
hágase tu voluntad en la tierra como
    en el cielo.
Danos hoy nuestro pan de cada día;
perdona nuestras ofensas,
como también nosotros
    perdonamos a los que nos ofenden;
no nos dejes caer en tentación,
y líbranos del mal.
Amén.

Dios te salve María, llena eres de gracia,
el Señor es contigo;
bendita tú eres entre todas las mujeres,
y bendito es el fruto de tu
    vientre, Jesús.
Santa María, Madre de Dios,
ruega por nosotros pecadores,
ahora y en la hora de nuestra muerte.
Amén.

Gloria al Padre (Doxología)

Gloria al Padre y al Hijo
y al Espíritu Santo,
como era en un principio,
ahora y siempre,
por los siglos,
de los siglos. Amén.

Dios mío, me arrepiento de todo corazón
de todo lo malo que hecho y de todo lo
bueno que he dejado de hacer, porque
pecando te he ofendido a ti, que eres el
sumo bien y digno de ser amado sobre
todas las cosas.
Propongo firmemente, con tu gracia,
cumplir la penitencia, no volver a pecar
y evitar las ocasiones de pecado.
Perdóname, Señor, por los méritos de
la pasión de nuestro salvador Jesucristo.
Amén.

Sign of the Cross

In the name of the Father,
and of the Son,
and of the Holy Spirit. Amen.

Our Father

Our Father, who art in heaven,
hallowed be thy name;
thy kingdom come,
thy will be done
   on earth as it is in heaven.
Give us this day our daily bread,
and forgive us our trespasses,
as we forgive those who trespass
   against us;
and lead us not into temptation,
   but deliver us from evil.
Amen.

The Hail Mary

Hail, Mary, full of grace,
the Lord is with thee.
Blessed art thou among women
and blessed is the fruit
   of thy womb, Jesus.
Holy Mary, Mother of God,
pray for us sinners,
now and at the hour of our death.
Amen.

Glory Be (Doxology)

Glory be to the Father
and to the Son
and to the Holy Spirit,
as it was in the beginning
is now, and ever shall be
world without end. Amen.

Act of Contrition

My God,
I am sorry for my sins with all my heart.
In choosing to do wrong and failing
   to do good,
I have sinned against you,
whom I should love above all things.
I firmly intend, with your help,
to do penance, to sin no more,
and to avoid whatever leads me to sin.
Our Savior Jesus Christ
suffered and died for us.
In his name, my God, have mercy.
Amen.

El Credo de Nicea

Creo en un solo Dios, Padre Todopoderoso, Creador del cielo y de la tierra, de todo lo visible y lo invisible.

Creo en un solo Señor, Jesucristo, Hijo único de Dios, nacido del Padre antes de todos los siglos: Dios de Dios, Luz de Luz, Dios verdadero de Dios verdadero, engendrado, no creado, de la misma naturaleza que el Padre, por quien todo fue hecho; que por nosotros, los hombres, y por nuestra salvación bajó del cielo, y por obra del Espíritu Santo se encarnó de María, la Virgen, y se hizo hombre; y por nuestra causa fue crucificado en tiempos de Poncio Pilato: padeció y fue sepultado, y resucitó al tercer día, según las Escrituras, y subió al cielo, y está sentado a la derecha del Padre; y de nuevo vendrá con gloria para juzgar a vivos y muertos, y su reino no tendrá fin.

Creo en el Espíritu Santo, Señor y dador de vida, que procede del Padre y del Hijo, que con el Padre y el Hijo recibe una misma adoración y gloria, y que habló por los profetas.

Creo en la Iglesia, que es una, santa, católica y apostólica.

Confieso que hay un solo Bautismo para el perdón de los pecados.

Esperò la resurrección de los muertos y la vida del mundo futuro. Amén.

Yo confieso

Yo confieso ante Dios todopoderoso y ante ustedes, hermanos, que he pecado mucho de pensamiento, palabra, obra y omisión.

Por mi culpa, por mi culpa, por mi gran culpa.

Por eso ruego a Santa María, siempre Virgen, a los ángeles, a los santos y a ustedes hermanos, que intercedan por mí ante Dios nuestro Señor.

Nicene Creed

I believe in one God,
the Father almighty,
maker of heaven and earth,
of all things visible and invisible.

I believe in one Lord Jesus Christ,
the Only Begotten Son of God,
born of the Father before all ages.
God from God, Light from Light,
true God from true God,
begotten, not made,
    consubstantial with the Father;
through him all things were made.
For us men and for our salvation
he came down from heaven,
and by the Holy Spirit was incarnate
    of the Virgin Mary,
and became man.

For our sake he was crucified under
    Pontius Pilate,
he suffered death and was buried,
and rose again on the third day
in accordance with the Scriptures.
He ascended into heaven
and is seated at the right hand of the Father.
He will come again in glory
to judge the living and the dead
and his kingdom will have no end.

I believe in the Holy Spirit, the Lord,
    the giver of life,
who proceeds from the Father and the Son,
who with the Father and the Son is adored
    and glorified,
who has spoken through the prophets.

I believe in one, holy, catholic and
    apostolic Church.
I confess one Baptism for the forgiveness
    of sins
and I look forward to the resurrection
    of the dead
and the life of the world to come. Amen.

Confiteor (Penitential Act)

I confess to almighty God
and to you, my brothers and sisters,
that I have greatly sinned,
in my thoughts and in my words,
in what I have done and in what I have
    failed to do,
through my fault, through my fault,
through my most grievous fault;
therefore I ask blessed Mary ever-Virgin,
all the Angels and Saints,
and you, my brothers and sisters,
to pray for me to the Lord our God.

Glosario

absolución Oración del Sacramento de la Penitencia y la Reconciliación con la que el sacerdote, por el poder concedido a la Iglesia por Cristo, perdona al penitente.

Alianza Promesa santa de Dios de estar con su pueblo siempre.

conciencia Don de Dios que nos ayuda a distinguir lo bueno de lo malo. Nos ayuda a elegir el bien y evitar el mal.

confesar Admitir que hemos hecho algo malo. En el Sacramento de la Penitencia y la Reconciliación confesamos o contamos nuestros pecados a un sacerdote.

contrición Estar verdaderamente arrepentido de nuestros pecados y decidir no pecar más.

conversión Apartarse del pecado y vivir como hijo de Dios. El Sacramento de la Reconciliación nos ayuda a hacer esto.

Diez Mandamientos Las Leyes que Dios dio a Moisés para ayudar a la gente a crecer en santidad y amor.

examen de conciencia Con la que revisamos devota y cuidadosamente nuestras palabras y acciones para ver si estamos viviendo como hijos de Dios. Le pedimos al Espíritu Santo que nos ayude a reconocer nuestras malas acciones.

gracia La propia vida de Dios en nosotros. La palabra gracia significa "don". La gracia nos ayuda a seguir a Jesús más de cerca.

libre albedrío Don de Dios que nos da la libertad de elegir entre el bien y el mal.

Mandamiento Mayor Amarás al Señor tu Dios con todo tu corazón, con toda tu alma y con toda tu mente. Amarás a tu prójimo como a ti mismo.

misericordia El amor generoso que nos muestra Dios.

pecado Elegir hacer lo que está mal, en vez de mostrar amor de la forma que Dios quiere.

pecado mortal Falta grave de amor y respeto a Dios, a uno mismo y a los demás. Para que un pecado sea mortal debe: 1) ser grave, 2) debemos saber que es grave, y 3) elegir cometerlo a pesar de todo. El pecado mortal nos separa de Dios. Debemos confesar los pecados mortales antes de recibir la Comunión.

Pecado Original Pecado de los primeros padres que se transmite a todas las generaciones. La naturaleza humana fue herida por el primer pecado y despojada de la santidad y justicia original. El Pecado Original también describe la atracción que todos sienten a hacer las cosas que son erróneas.

pecado venial Elegir hacer algo que sabemos que está mal. Los pecados veniales debilitan nuestra relación con Dios.

penitencia Paso en el Sacramento de la Penitencia y la Reconciliación en donde prometemos hacer algo que muestre que estamos verdaderamente arrepentidos. También es otra manera de nombrar al Sacramento de la Penitencia y la Reconciliación.

penitente Una persona que está arrepentida por haber pecado.

satisfacción Una manera de reparar nuestros pecada, como hacer la penitencia que el sacerdote nos da en la Reconciliación.

vida eterna Vivir feliz para siempre con Dios en los Cielos.

virtud Un hábito de hacer el bien, como la paciencia y la amabilidad.

absolution The prayer in the Sacrament of Penance and Reconciliation in which the priest, by the power given to the Church by Christ, forgives the sinner.

Baptism Frees us from Original Sin and all sin and welcomes us to the People of God, the Church.

confess To admit that we have done something wrong. In Penance and Reconciliation we confess or tell our sins to a priest.

conscience A gift from God that helps us know right from wrong. It helps us move toward good and avoid evil.

contrition To be truly sorry for our sins and to resolve to sin no more.

conversion Turning away from sin and living as a child of God.

covenant God's holy promise to be with his people always.

eternal life Living forever with God in the happiness of Heaven.

examination of conscience We carefully look at our words and actions to see if we are living as children of God. We ask the Holy Spirit for help in recognizing our wrongdoing.

free will God's gift that allows us the freedom to choose between good and evil.

grace God's own life within us. The word grace means "gift." Grace helps us follow Jesus more closely.

Great Commandment You shall love the Lord, your God, with all your heart, and with all your soul, and with all your mind. You shall love your neighbor as yourself.

mercy The loving kindness that God shows us.

mortal sin A serious failure to love and respect God, oneself, and others. For a sin to be mortal: it must be serious; we must know it is serious; and we freely choose to do it anyway. A mortal sin separates us from God. We must confess mortal sins before receiving Communion.

Original Sin The sin of the first humans that is passed on to all generations. Human nature was wounded by the first sin and is deprived of original holiness and justice. Original Sin also describes the pull everyone feels toward doing things that are wrong.

penance A step in the Sacrament when we promise to do something that shows we are truly sorry.

Penance and Reconciliation The Sacrament for the forgiveness of sin, it welcomes a person back to friendship with God and the Church.

penitent A person who is sorry for having sinned.

satisfaction A way of making up for our sins, like doing the penance that the priest gives us in Penance and Reconciliation.

sin Choosing to do what is wrong, rather than showing love the way God wants.

social sin When a whole a group of people chooses not to show love.

Ten Commandments The Laws God gave to Moses to help people grow in holiness and love.

venial sin Choosing to do something we know is wrong. Venial sins weaken our friendship with God.

virtue A habit to do the good, like patience and kindness.

Letra de las canciones/Music Lyrics

Psalm 100—Nosotros Somos Su Pueblo / We Are God's People

Refrain
Nosotros somos su pueblo.
We are God's people.
Y ovejas de su rebaño.
The flock of the Lord.

1. Make a joyful noise to the Lord,
   all the earth.
   Worship the Lord with gladness;
   come into the presence of the Lord
   with singing.

2. Know that the Lord is God,
   our maker to whom we belong.
   We are the people of God,
   the flock of the Lord.

Nosotros Somos Su Pueblo/We Are God's People verse text & music © 1999, Jaime Cortez. Published by OCP Publications, 5536 NE Hassalo St., Portland OR 97213. All rights reserved. Used with permission.
Refrain text is held by Comisión Episcopal Española de Liturgia.
Comisión Episcopal Española de Liturgia, Anastro, 1, Madrid 28033, SPAIN

Christ, Be Our Light

Refrain
Christ, be our light!
Shine in our hearts.
Shine through the darkness.
Christ, be our light!
Shine in your Church gathered today.

1. Longing for light, we wait in darkness.
   Longing for truth, we turn to you.
   Make us your own, your holy people,
   light for the world to see.

2. Longing for food, many are hungry.
   Longing for water, many still thirst.
   Make us your bread, broken for others,
   shared until all are fed.

3. Many the gifts, many the people.
   Many the hearts that yearn to belong.
   Let us be servants to one another,
   making your kingdom come.

Christ Be Our Light © 1994, Bernadette Farrell. Published by OCP Publications, 5536 NE Hassalo, Portland OR 97213. All rights reserved. Used with permission.

Change Our Hearts

Refrain
Change our hearts this time.
Your word says it can be.
Change our minds this time.
Your life could make us free.
We are the people. Your call set apart,
Lord, this time change our hearts.

1. Brought by your hand to the edge of our dreams.
   One foot in paradise, one in the waste.
   Drawn by your promises,
   still we are lured by the shadows
   and the chains we leave behind. But ...

2. Now as we watch you stretch out your hands,
   off'ring abundances, fullness of joy.
   Your milk and honey seem distant, unreal,
   when we have bread and water in our hands. But ...

3. Show us the way that leads to your side,
   over the mountains and sands of the soul.
   Be for us manna, water from stone,
   light which says we never walk alone.
   And ...

Change Our Hearts by Rory Cooney. © 1984, spiritandsong.com ®, 5536 NE Hassalo, Portland OR 97213. All rights reserved. Used with permission.

Children of God

1. Children of God,
   That's what we are,
   Called to love ev'ryone
   With our Father's heart.

Refrain
   Sisters and brothers of Jesus,
   It's plain to see:
   There's a strong family resemblance
   In God's family.

2. Children of God,
   Strong, loving, wise,
   Called to see ev'rything
   Through our Father's eyes.

3. Children of God,
   Learning God's plans,
   Called to build a better world
   With our Father's hands.

Words and Music by Rory Cooney

Ama a tu Señor

1. Ama a tu Señor
   con todo el corazón.
   Ama a tu Señor
   con todo el corazón,
   todo el corazón, da gloria a tu Dios.

2. Ama a tu Señor con toda tu alma.
   Ama a tu Señor con toda tu alma,
   toda tu alma, da gloria a tu Dios.

3. Ama a tu Señor
   con todas tus fuerzas.
   Ama a tu Señor
   con todas tus fuerzas,
   todas tus fuerzas,
   da gloria a tu Dios.

4. Ama a tu Señor con toda tu mente.
   Ama a tu Señor con toda tu mente,
   toda tu mente, da gloria a tu Dios.

Psalm 103: The Lord Is Kind and Merciful

Refrain
   The Lord is kind and merciful.
   The Lord is kind and merciful.
   The Lord is kind and merciful,
   Slow to anger, rich in compassion.
   The Lord is kind and merciful.

1. My soul, give thanks to the Lord.
   All my being, bless his holy name.
   My soul, give thanks to the Lord
   and never forget all his blessings.

2. It is he who forgives all your guilt,
   who heals every one of your ills,
   who redeems your life from the grave,
   who crowns you with love and
   compassion.

Salmo 50: Oh Dios, Crea en Mí

Estribillo
   Oh Dios, crea en mí,
   oh Dios, crea en mí,
   crea un corazón,
   un corazón puro.

1. Piedad de mí, Señor, por tu bondad,
   por tu inmensa compasión borra mi culpa;
   lava del todo mi delito,
   purifícame, tú, de mi pecado.

2. Oh Dios, crea en mí un corazón puro,
   pon en mí un espíritu firme;
   no me arrojes lejos de tu rostro,
   no me quites tu santo espíritu.

3. Dame la alegría de tu salvación,
   mantén en mí un alma generosa.
   Enseñaré a los malvados tus caminos,
   se volverán a ti los pecadores.

Malo, Malo / Thanks Be to God

Estribillo (El solista canta cada frase y todos la repiten.)

Malo! Malo!	(tongano, ma-lo ma-lo)
Thanks be to God!	(inglés, danks bi tu god)
Obrigado! Alleluia!	(portugués, o-bri-ga-do, a-le-lu-ia)
¡Gracias!	
Kam sa ham ni da!	(coreano, kam sa jam ni da)
Malo! Malo! Thanks be to God!	

Versos: Solista—Todos repiten.

1. Si Yu'us maa'se!	(chamorro, si yu jus ma a se)
Terima kasih!	(indonesio, dri-ma ka si)
Maraming salamat!	(tagalo, ma-ramin sa-la-mat)
Danke schön!	(alemán, dan-ke chuun)
Dzię kuję!	(polaco, dchen ku-ye)
We thank you, Lord!	(inglés, wi dank iu lor)
2. Mèsi bokou!	(creol, me-si bo-cu)
Xie Xie!	(mandarín, chi-e chi-e)
Arigato!	(japonés, a-ri-ga-to)
Grazie!	(italiano, grat-zie)
Cám ón!	(vietnamés, gam on)
We thank you, Lord!	(inglés, wi dank iu lor)

Give Us Your Peace

Refrain

Jesus give us your peace.
Bring us together.
Let all the fighting cease.
Shatter all our hearts of stone.
Give us a heart for love alone.

1. Some days the road I walk is lonely and it's so hard to find a friend.
Even then I know, somewhere in my soul, your love is far too great to comprehend.

2. Some days the strength I need is failing, And then, O Lord, I turn to you.
I need never fear, you are always near. Whatever happens, you will pull me through.

Words and Music by Michael Mahler

Digo "Sí," Señor / I Say "Yes," Lord

1. To the God who cannot die:
   > I say "Yes," my Lord.
   To the One who hears me cry:
   > *Digo "Sí," Señor.*
   To the God of the oppressed:
   To the God of all justice:

1. *Al Señor de eternidad:*
   > I say "Yes," my Lord.
   Al Señor que me escucha:
   > *Digo "Sí," Señor.*
   Al Dios de los oprimidos:
   Al Dios de justicia:

Estribillo
   I say "Yes," my Lord, in all the good times,
   through all the bad times,
   I say "Yes," my Lord to ev'ry word you speak.
   *Digo "Sí," Señor, en tiempos malos, en
   tiempos buenos,
   Digo "Sí," Señor a todo lo que hablas.*

2. For the dream I have today:
   > I say "Yes," my Lord.
   To be a healer of all pain:
   > *Digo "Sí," Señor.*
   To come to love my enemies:
   For your peace in all the world:

2. *Para el sueño que tengo hoy:*
   > I say "Yes," my Lord.
   Para curar a los que están sufriendo:
   > *Digo "Sí," Señor.*
   Para amar a mis enemigos:
   Para tu paz en los gobiernos:

3. Like that of Job, unceasingly:
   > I say "Yes," my Lord.
   Like that of Maria wholeheartedly:
   > *Digo "Sí," Señor.*
   Like that of David in a song:
   Like Israel, for you I long:

3. *Como Job incesantamente:*
   > I say "Yes," my Lord.
   Como María completamente:
   > *Digo "Sí," Señor.*
   Como David en una canción:
   Como Israel, lleno de esperanza:

Words and Music by Donna Peña.

Yes, We Believe

1. Do you believe in God, the Father, the Almighty,
   maker of heaven and Earth?

Refrain
   Yes, we believe, we do, Lord!
   Yes, we believe, we do, Lord!
   Yes, we believe, we do, Lord!

2. Do you believe in Jesus, God's only Son,
   our Lord,
   who was born of the Virgin Mary,
   was crucified under Pontius Pilate,
   suffered and died, and was buried?

3. Do you believe that on the third day
   he rose from the dead,
   and is now seated at the Father's right hand?

4. Do you believe in the Holy Spirit?
   (Yes, we believe, we do, Lord!)
   In the Lord, the giver of all life?
   (Yes, we believe…)
   With the Father and Son, he is worshiped
   and glorified.
   (Yes, we believe…)
   He has spoken to us through the Prophets.
   (Yes, we believe…)
   Do you believe in the holy catholic Church,
   (Yes, we believe…)
   One baptism for the forgiveness of all sin?
   (Yes, we believe…)
   Do you believe that the dead shall rise, and in life
   of the world to come? Amen!

Somos el Cuerpo de Cristo / We Are the Body of Christ

Estribillo
Somos el cuerpo de Cristo.
We are the body of Christ.
Hemos oído el llamado.
We've answered "Yes," to the call of the Lord.
Somos el cuerpo de Cristo.
We are the body of Christ.
Traemos su santo mensaje.
We come to bring the Good News to the world.

1. Solista: Dios viene al mundo a través de nosotros.

   Todos: Somos el cuerpo de Cristo.

   Solista: God is revealed when we love one another.

   Todos: We are the body of Christ.

   Solista: Al mundo a cumplir la misión de la Iglesia,

   Todos: Somos el cuerpo de Cristo.

   Solista: Bringing the Light of God's mercy to
   others,

   Todos: We are the body of Christ.

2. Solista: Cada persona es parte del reino;

   Todos: Somos el cuerpo de Cristo.

   Solista: Putting a stop to all
   discrimination,

   Todos: We are the body of Christ.

   Solista: Todas las razas que habitan la tierra,

   Todos: Somos el cuerpo de Cristo.

   Solista: All are invited to feast in the banquet.

   Todos: We are the body of Christ.

Agua de Vida

Estribillo
Water of Life, holy reminder;
Touching, renewing the body of Christ.
Agua de vida, santo recuerdo;
une y renueva al cuerpo de Cristo.

1. Vengan, reciban el agua de paz,
   revivan su santo bautismo.
   Dejen atrás los rencores de ayer
   y vivan la nueva alianza.

2. All generations, come forth and receive
   the blessing of this holy water;
   making us one with the God who forgives,
   the one who is faithful and just.

3. Bringing new hope to the children of God,
   regardless of color story;
   cleansing our spirits with kindness and truth,
   and keeping the promise alive.

Bienaventurados

1. Bienaventurados, pobres de la tierra,
   porque de ustedes es el reino de Dios.
   Bienaventurados los que pasan hambre,
   los que lloran sangre por amor a Dios.

2. Bienaventurados los desesperados,
   serán consolados por Jesús, el Rey.
   Si eres buen amigo, si eres buen vecino,
   estará contigo nuestro hermano, Jesús.

Estribillo
Alégrense y llénense de gozo,
porque les esperan maravillas en el cielo.
Alégrense y llénense de gozo,
bienaventurados serán.

3. Bienaventurados los sacrificados;
   los desamparados serán grandes ante Dios.
   Tiende más tu mano, haz a todos hermanos
   con tu cristianismo y amor a Dios.

Anthem

Refrain

We are called, we are chosen.
We are Christ for one another.
We are promised to tomorrow,
while we are for him today.
We are sign, we are wonder.
We are sower, we are seed.
We are harvest, we are hunger.
We are question, we are creed.

1. Then where can we stand justified?
In what can we believe?
In no one else but Christ who suffered,
nothing more than Christ who rose.
Who was justice for the poor.
Who was rage against the night.
Who was hope for peaceful people.
Who was light.

2. Then how are we to stand at all,
this world of bended knee?
In nothing more than barren shadows.
No one else but Christ could save us.
Who was justice for the poor.
Who was rage against the night.
Who was hope for peaceful people.
Who was light.

Song of the Body of Christ / Canción del Cuerpo de Cristo

Estribillo

Venimos a decir del misterio,
y partir el pan de vida.
Venimos a saber
de nuestra eternidad.

1. Pan de vida y copa de promesa,
somos uno en esta comida.
Vendrá su reino
en nuestra transformación.

Refrain

We come to share our story,
we come to break the bread,
We come to know our rising
from the dead.

2. You will lead and we shall follow,
you will be the breath of life;
Living water, we are thirsting
for your light.

GIA Publications, Inc.
7404 South Mason Avenue
Chicago, IL 60638
(800) 442-1358
(708) 496-3828
www.giamusic.com

World Library Publications
A division of J.S. Paluch Co., Inc.
3708 River Rd. Suite 400
Franklin Park, IL 60131
(800) 566-6150
www.wlpmusic.com

wlpcs@jspaluch.com

OCP Publications
5536 NE Hassalo
Portland, OR 97213
(503) 281-1191
www.ocp.org